岩波現代文庫／学術 398

# 反転する福祉国家
## オランダモデルの光と影

水島治郎



岩波書店

# はじめに

オランダを代表する一七世紀の画家、レンブラントは、「光と影の画家」として知られている。明暗の対照を効果的に用いることで、情景を強く印象づけるのみならず、描かれた人間の内面を鋭く照らし出すかのような彼の絵は、当時の人々から絶賛された。大商人や貴族はもちろん、総督からも注文が舞い込んできたレンブラントは、まさに時代の寵児でもあった。富裕層出身の妻サスキアを娶り、彼は若くして人生の絶頂に立つことになる。

しかしその彼自身の人生も、光と影に満ちたものであった。栄光に満ちた時間は短く、彼の子どもたちは幼くして死に、ついには愛するサスキアを喪う。浪費癖がやまない彼は顧客も失い、破産に至る。孤独と欠乏のなかでも彼は絵を描きつづけたが、その人生を象徴するかのように、彼の絵のなかで、光と影はますます研ぎ澄まされていくこととなった。

このレンブラントの絵を観るとき、私は、現代のオランダこそまさに、彼の絵が鋭く描き出したような、光と影の交錯する空間になりつつあるのではないか、との思いを禁じえない。「光」が人々の視線をひきつけながら、その周囲には「影」がひたひたと迫る。現代オランダの社会は、光と影がその緊張感を高めつつ、カンバスの上に新しい構図を描きつつあるのではないだろうか。

「光」とは何か。歴史的には「寛容」な国として知られるオランダは、近年はオランダモデル論にみられるような、一種の社会経済モデルとして国際的な注目を集めている。特に一九九〇年代後半以降進む雇用・福祉改革は先駆的なものを含んでいる。ワークシェアリングによる雇用確保の試み、非正規労働の正規化を通じた雇用の安定化の進展、ワーク・ライフ・バランスの追求などは、労働市場への積極的な「包摂」を進めるものであるが、これは、日本において正規労働／非正規労働の格差が同時に越えがたい所得格差に直結し、しかも正規労働者も長時間労働を強いられている現状を考えれば、さまざまな点で示唆に富むものである。

「影」とは何か。オランダは、ここ一〇年ほどの間に大きく移民・難民政策を転換し、「寛容」から「移民排除」と「移民統合」(実質的には同化)へと大きく舵を切った。政治的にはピム・フォルタイン(Pim Fortuyn)に代表される新右翼ポピュリスト政治家が相次いで登場し、強い支持を集めたことが大きいが、彼らによる移民批判とナショナル・アイデンティティの強調は、既成政党にも強い影響を与え、移民制限政策の「主流化」を促した。いまやオランダは、ヨーロッパでも移民・難民政策が最も厳しい部類に分類される。新右翼ポピュリズム支持の拡大は、ヨーロッパ憲法条約否決のさいの原動力ともなったが、他方でフォルタインらが殺害されるなど、相次ぐ血なまぐさい事件の背景となった。

本書は、このような「モデル」と「アンチ・モデル」——いわば「光」と「影」——の交差する現代のオランダ政治を取り上げ、その構造的な変容を分析するとともに、「包摂」と「排除」に通底するロジックを解明しようというものである。

国際的な注目を浴びる雇用・福祉改革が進展するオランダにおいて、この移民排除の動きが驚くほどドラスティックに、また急速に進行しているのはなぜか。女性や高齢者、障害者、福祉給付受給者らの就労を促し、社会的「包摂」を積極的に推進しているオランダが、同時に移民・外国人の「排除」を進めているのはなぜか。「包摂」と「排除」という、一見すれば対極にみえる政策の背後にある論理は何なのだろうか。

しかも重要なことは、このような「包摂」と「排除」の同時進行という現象は、実はオランダに限られたものではないということである。現在先進各国においては、より多くの人々を労働市場に統合しようとする「包摂」志向の雇用・福祉政策が推進され、EU(欧州連合)も「社会的包摂」を掲げてこの動きを積極的に後押ししている。しかし他方では、各国で新右翼・極右政党の伸長を背景としつつ、移民・難民政策は明らかに厳格化の方向に進んでいる。またEUは「労働力の自由移動」の立場から域内のヒトの移動については促進しつつも、域外からの移民・難民については条件を課して抑制する姿勢を明確にしている。

オランダにおける「包摂」と「排除」の動きが国際的に知られているのは、その政策転換がいずれもドラスティックに、徹底して行われたことが大きい。しかし同様の動きは各国、およびEUレベルにおいても多かれ少なかれ生じている。その意味でオランダの近年の動きを考えることは、先進諸国の今後の展開を見通すうえでも重要な示唆を与えるだろう。

本書では、まず「光」と「影」の舞台であるオランダの歴史政治的な文脈を説明したうえで(第一章)、オランダをめぐる「光」と「影」のそれぞれについて分析する(第二章、第三章)。そして最後に、その「光」と「影」の背後にある論理を明らかにすることを通じて、オランダのみならず先進諸国において生成しつつある、包摂と排除を通じた、福祉・労働・移民をめぐる再編の構図を明らかにしたいと考えている(第四章)。「光」と「影」の織り成す緊張関係――そして、その背後に見え隠れする「共犯」関係――を解明し、新たな時代を描くための手がかりを得ることができれば幸いである。

# 目　次

はじめに

第一章　光と影の舞台――オランダ型福祉国家の形成と中間団体 ……1

第一節　現代政治の歴史的文脈 ……2

1「身軽な国家」オランダの成立／2 一九世紀後半――自由主義と宗派勢力の対抗／3 二〇世紀――「柱」社会と中道キリスト教民主主義政党の優位

第二節　オランダにおける「保守主義型福祉国家」の成立 ……12

1「保守主義型福祉国家」とは／2 大陸型福祉国家の特徴／3 オランダにおける福祉国家の形成／4 民間団体主体の福祉

第三節　中間団体政治の形成と展開 ……28

1 中間団体をめぐる歴史的背景／2 中間団体の包摂――マクロレ

ベル／3 中間団体の包摂――メゾレベル／4 中間団体批判／5 紫連合政権の成立／6 審議会制度の改革／7 開かれたガバナンスの模索

第二章　オランダモデルの光――新たな雇用・福祉国家モデルの生成……45

第一節　大陸型福祉国家の隘路……46
1 ワークシェアリングを超えて／2 大陸型福祉国家の特徴と限界／3 大陸型福祉国家の構造的問題

第二節　福祉国家改革の開始……57
1 ワセナール協定へ／2 ルベルス政権下の改革／3 第一次コック政権――分権的制度の改革／4 第二次コック政権――「給付所得より就労を」／5 労使の排除と抵抗／6 バルケネンデ政権下の就労強化政策／7 改革の政治的背景

第三節　パートタイム社会オランダ……80
1 就労形態の多様化／2 雇用格差と非正規労働／3 非典型労働の「正規化」／4 オランダのパートタイム労働――歴史的展開／5 パートタイム保護を取り巻く制度的枠組み／6 多様な休暇制度／

7 日蘭比較からみたワーク・ライフ・バランス／8 フレキシキュリティへの対応

第四節　ポスト近代社会の到来とオランダモデル……100
1 ポスト保守主義型福祉国家へ？／2 「女性のフルタイム就労」への厳しい視線／3 オランダのパートタイム論争／4 脱工業社会における競争戦略

第三章　オランダモデルの影――「不寛容なリベラル」というパラドクス……113

第一節　移民問題とフォルタイン……114
1 ポピュリズムの台頭／2 オランダにおける移民／3 フォルタイン党躍進の文脈／4 フォルタインの登場とイスラム批判／5 二〇〇二年選挙に臨むフォルタイン／6 政治戦略としてのポピュリズム

第二節　フォルタイン党の躍進とフォルタイン殺害……139
1 「すみよいオランダ」の結党／2 フォルタインの登場／3 「すみよいロッテルダム」の設立とフォルタイン擁立／4 「すみよいオランダ」との決裂とフォルタイン党結成／5 「すみよいロッテルダ

ム」の圧勝／6 フォルタイン党の展開／7 フォルタインの死と総選挙／8 中道右派連立政権の成立／9 フォルタイン現象の衝撃

第三節　バルケネンデ政権と政策転換……165
1 バルケネンデ政権の八年／2 キリスト教民主主義政党の「自己革新」とバルケネンデ／3 移民政策の転換／4 移民の「選別」の開始／5 社会文化政策

第四節　ファン・ゴッホ殺害事件……182
——テオ・ファン・ゴッホとヒルシ・アリ
1 映画『サブミッション』／2 モハメド・ブエリ——移民二世の青年の急進化／3 「ソーシャル・パフォーマンス」としてのファン・ゴッホ殺害

第五節　ウィルデルス自由党の躍進……193
1 ウィルデルスの登場／2 ウィルデルスのイスラム批判／3 ヨーロッパ憲法条約否決／4 ヨーロッパ統合とオランダ／5 自由党の設立／6 リュテ政権の成立と自由党の閣外協力

第四章　光と影の交差——反転する福祉国家……213

第一節　福祉国家改革と移民……214
1「移民政治」の顕在化と福祉国家／2「参加」型社会への転換／3「参加」と義務・責任の重視／4 福祉国家の変質と移民／5 オランダにおける「シティズンシップの共有」
第二節　脱工業社会における言語・文化とシティズンシップ……227
1 脱工業社会における「参加」の様相／2 脱工業社会における「非物質的価値」／3 新しい「能力」観――「ポスト近代型能力」の浮上／4「言語によるコミュニケーション」と「能力」／5 言語・文化の再浮上／6 参加・包摂・排除／7 新たな光と影の交差のなかで
参考文献……245
あとがき……265
現代文庫版あとがき……275
オランダ下院議員選挙結果(一九八一―二〇一七年)
政権一覧(一九八二―二〇一八年)

# 第一章　光と影の舞台——オランダ型福祉国家の形成と中間団体

## 第一節　現代政治の歴史的文脈

### 1 「身軽な国家」オランダの成立

まず、本書の舞台となるオランダの歴史的な文脈について述べておこう。

二〇一〇年夏、ユネスコ(国際連合教育科学文化機関)はアムステルダムの運河地区を世界遺産に認定した。端麗な街並みが運河にその影を落とすこの一帯は、繁栄を誇った一七世紀アムステルダムの往時の姿を大きく変えることなく伝えており、今も訪れる人を魅了してやまない(**写真1**)。かつてアムステルダムには、北海や地中海はもとより、遠くは東アジアからの輸入品がもたらされており、国際貿易ネットワークの結節点にあったといってよい。そしてアムステルダムを首都として成立した一七世紀のオランダは、中継貿易の中心地として栄えたばかりか、海運業、毛織物業、さらには金融業など、さまざまな分野で圧倒的な経済力を誇り、「黄金の世紀」と呼ばれている。

それでは、なぜ小国であるオランダが、世界経済の中心に位置することができたのだろうか。その疑問を解くカギの一つは、オランダにおける独自の国家のあり方にある。

オランダは一七世紀にスペインから独立戦争を経て成立した国であるが、その国家の

**写真1**　17世紀の面影を残すアムステルダムの運河地区

あり方は、当初から周辺諸国と比べて際立っていた。この時期のヨーロッパ諸国、特にフランスやスペイン、イギリスなどがいわゆる絶対主義国家化を進め、官僚制と常備軍を備えた集権的で強力な国家建設を行っていったのに対し、そもそもオランダは君主を置かない共和政体を採用した。強力な常備軍や官僚制度を持つことはなく、絶対主義とは正反対の分権的な国家体制を選んだのである。主権は各州が保持するとされ、各州は高度の自律性を享受した（佐藤、二〇一二）。専門的に徴税にあたる官僚層は共和国期には成立せず、徴税業務は民間の商人などが政府と請負契約を結んで遂行していた。また都市の防衛を基本的に担っていたのは、レンブラントの『夜警』に描かれたような、市民層からなる民間の防衛隊である。貧民救済や孤児収容などの福祉機能は、そのかなりの部分がカルヴァン派やカトリック、ユダヤ教といった宗教・宗派系の救貧団体の自発的な活動によって担われていた(大西、二〇〇二)。

この「身軽な」国家の背景には、共和国の政治・経済を担っていた、アムステルダムを中心とする商工業者ら都市市民層の利害が存在した。彼らは商業活動の自由を優先させるため、都市経済に介入する危険のある王権や中央官僚制の出現を、注意深く防止したのである。たとえばイギリスやフランスでは、王権がしばしば公債の購入を商人らに強制し、また償還が滞るなどして公債保有者の破産も頻発したが、政治エリート層と都市経済エリート層が重なるオランダでは、そのような高圧的な都市経済への介入はほとんど発生しなかった。オランダでは公債は、むしろ安全性の高い金融商品として富裕層はもとより一般の市民層にも積極的に購入されており、またそれが政府の資金調達を飛躍的に容易にしたのである('t Hart, 2009)。オランダにおける政治と経済は、絶対主義国家におけるような収奪する／される関係ではなく、相互浸透を背景とした「互恵的」関係にあったといえようか。

このような民間の経済活動を最優先する環境にも恵まれ、一七世紀のオランダは経済的な繁栄を享受することができた。小国における国家の「身軽さ」が、経済的にはむしろ優れたパフォーマンスにつながった歴史上の典型例だったといえるかもしれない。近年は、当時のオランダの経済構造の持つ先進性に着目する立場から、オランダ経済を「最初の近代経済」と呼ぶ議論も現れている（ド・フリース、ファン・デァ・ワウデ、二〇〇九）。

また、カルヴァン派の優位のもとで独立戦争が戦われたとはいえ、共和国は当初から宗教的にも多元的だった。カルヴァン派は公認の宗教ではあったが、国教ではなかった（佐藤、二〇一二、五四）。宗教的・民族的マイノリティや外国人に対する抑圧は弱く、多様な背景を持った人材が国外からアムステルダムなどの都市に集まって、都市経済を支えるとともに、市民的な文化の花を咲かせることができた（水島、二〇〇四）。オランダを代表する移民史研究者のルーカッセンらが述べるように、オランダは「独立以来……常に移民たちの国だった」のである（Lucassen and Lucassen, 2011, 17）。

イベリア半島などで迫害されたユダヤ人も、オランダに多数流入した。彼らは宗教的自由をオランダで保障されており、他のヨーロッパ諸都市のようにゲットーに居住を厳しく制限されることもなかった。むしろ国際的に活躍するユダヤ商人は、国際貿易ネットワークをオランダにもたらし、オランダ共和国の経済的発展に貢献した。アムステルダムでは、人口の一〇分の一をユダヤ人が占めたといわれている。後に『アンネの日記』で知られるアンネ・フランクの一家が、故郷であるドイツのフランクフルトを捨てて隣国オランダのアムステルダムに移住したのは、このようなオランダにおけるユダヤ人への「寛容」な待遇が歴史的に確立していたことと、無関係ではない。

オランダ共和国自体は一七九五年にはフランスに占領され、二〇〇年の歴史を閉じる。ナポレオン敗退後オランダは独立するが、今度はかつての独立戦争の英雄ウィレムの系統に属するオランイェ公ウィレムが国王として迎えられ、オランダは王国として再出発することになった。一九世紀前半にはこのウィレム一世のもとで、中央集権化、経済の近代化が積極的に推進され、オランダは近代国家への道を歩み始める。

しかし、オランダにおける「身軽な」国家、権力の集中を排する伝統自体は、実は近現代においても本質的に変わっていない。

一九世紀から二〇世紀初頭にかけて、ヨーロッパの多くの国では国王や皇帝権力が国家官僚制や軍を背景に、議会勢力を軸とする自由化や民主化の動きに抵抗していた。それに対してオランダでは、早くも一八四八年の時点で国王は議会勢力に対する抵抗をやめ、統治権力の多くを手放すこととなった。市民社会を抑圧できる強力な官僚機構や軍事力を保持していなかったオランダの国王権力は、議会との対決を回避し、暴力や流血を招くことなく自由化の流れを容認するほかなかったのである(岸本、二〇〇九)。一八四八年の新憲法では内閣責任制の明示、下院の直接選挙の導入、集会・結社の自由をはじめとする諸自由権などが規定され、以後のオランダは立憲君主国として平和裏に民主化を進めていく。今も国王は閣僚を任命・罷免するなどの権限を保持しているが、組閣時を除いて政治に関与することは少なく、シンボリックな役割が強い。

立法機関の規模も相対的に小さい。議会は二院制であり、定数は下院が一五〇名、上院が七五名であり、人口規模が三分の二程度のベルギーとほぼ同じ規模に過ぎない(ベルギーについては松尾〔二〇一〇〕を参照)。しかも上院は法案の修正権がないなど権限は弱く、週一度開会するのみであり、議員の多くは他の職業を兼職している。また下院の選挙は全国単位の完全比例代表制を採用しており、しかも議席獲得のための最低得票率が定められていないところから、〇・六七%の得票率で一議席を獲得することができる。その結果多数の小党が分立する一方、一党が単独で議席の過半数を獲得することは困難であり、複数の政党による連合政権が常態となる。特定の一党に権力が集中することが、制度的に防止されているともいえよう。

官僚制が発達しなかった一方で、公的な役割を積極的に担ってきたのは、むしろ市民社会のさまざまなアクターである。「軽量な国家」が可能となるためには、市民社会の側の協力が不可欠である。オランダでは、教育や福祉、医療、環境、開発援助などの諸分野において民間セクターの果たす役割が非常に大きく、国家の役割はむしろ財政支援と執行の監督にとどまっている。たとえば今に至るも小中学校の半数以上はキリスト教系の私立学校であり、これらの学校は公立学校と同等の公的補助を保障されている。貧困者救済や高齢者ケア・医療保健サービスにおいても、公的財源に支えられつつ、宗派系の団体を含む多数の民間非営利団体が実施主体となっている。福祉や教育を基本的に公的セクターが担う北欧諸国などとは対照的である。

## 2　一九世紀後半――自由主義と宗派勢力の対抗

さて一九世紀後半のオランダ政治で支配的な地位についていたのは、自由主義勢力だった。富裕層や自由業、企業家などエリート層を基盤とする自由主義勢力は、制限選挙制のもとで議会の最大勢力を占め、経済基盤の整備をはじめとする自由主義的な諸改革を進めていた。一八七〇年代ごろには産業革命も始まる。

そのさい自由主義勢力は、社会の近代化を果たすためには単に経済規制の緩和や市場の整備といった経済面の改革では不十分であり、「前近代的」な宗教の社会的影響力を公的空間から排除することが必要であると考えていた。特に教会が宗教教育などを通じて学校教育に強く関与していることが、教育の近代化にとって重大な障害とみなされたのである。そこで自由主義系の政府は公教育の充実を図る一方、学校教育から教会の介入を排除する教育世俗化政策を積極的に進めていった。

しかしこの改革は、キリスト教勢力による強い反対運動を招き、以後オランダでは「学校闘争」と呼ばれる政治対立が開始される。そして学校闘争に由来する宗派―非宗派をめぐる対立軸は、それ以降のオランダ政治に影を落とすこととなった。

教育世俗化への反対運動を担ったのは、オランダを代表する二大宗派であるカルヴァン派とカトリックであり、両宗派は協力して反対運動を展開した。一九世紀後半のヨーロッパでは、カトリックとプロテスタントの間にまだ宗教改革以来の深い溝の残る国が多かったが、オランダでは両宗派は一定の共存関係にあった。自由主義政権の世俗化政策に反対するという点で利害が一致したことで、宗派の壁を乗り越えた運動が可能となったのだ。

カルヴァン派では、牧師・神学者であったカイペル(Abraham Kuyper)を中心に、一八七〇年代以降は運動が大衆的な広まりをみせた。オランダ独立戦争を中心的に担ったと自負するカルヴァン派の運動家たちは、フランス革命的な無神論に毒された自由主義に反対するという意味で自ら「反革命」運動と名乗り、自由主義との思想的対決であることを強調した。宗派系学校に対する公的補助の導入を中心的な要求に掲げ、組織作り、署名運動など活発な運動を展開したが、特にカイペルは、日刊紙の発刊、カルヴィニズムに基づく大学の創設などを進めるかたわら、自ら下院議員として反革命グループの結集に努め、一八七九年には「反革命党」を設立する。この党は綱領や機関紙、党組織を有し、オランダで最初の近代的な大衆政党でもあった。またカトリック勢力では政党組織の結成は遅れたものの、神父のスハープマンという卓越した指導者を得て教育世俗化反対運動を組織し、カルヴァン派との協力のもとで運動を進めていった。

一八八八年の選挙で両派は初めて下院の過半数を制し、宗派連合政権が成立した。また一九〇一年にはカイペルを首相とする宗派連合政権が成立し、一九〇五年まで継続する。これらの宗派政権のもとで宗派立学校への補助金は次々導入・増額されていき、最終的に自由主義派も賛成した一九一七年の憲法改正により、公立・私立学校への国庫の等額負担が確定したことで、学校闘争自体は決着した。これ以後宗派―非宗派の対立軸は、政治的に表面化することは少なくなる。また同じく一九一七年に比例代表制度が導入されて以降、大衆的基盤を持たない自由主義勢力は選挙で退潮し、再び自由主義政党出身の首相が誕生するためには、ほぼ一世紀を経た二〇一〇年を待たねばならなかった。

## 3　二〇世紀――「柱」社会と中道キリスト教民主主義政党の優位

二〇世紀のオランダの政治社会における最大の特徴は、「柱(zuil)」と呼ばれる組織ネットワークが社会の隅々まで広がっていたことだろう(詳細は後述)。同様の現象はベルギーやオーストリア、スイスなどでも看取できる。しかし、オランダの場合はカルヴァン派とカトリックの両宗派でそれぞれ「柱」が形成されたこと、そして両宗派による競合の結果、「柱」が特に社会に深く浸透していたことなどが際立っている。そしてその「柱」の存在自体が政治的・社会的安定を側面から支えることになる。

一九世紀後半に学校闘争が激しくなるなか、各宗派は自由主義政権の世俗化政策に対抗しつつ、それぞれ自派の信徒の組織化を開始した。世俗化の攻撃に有効に対処するためには、単に政治的な反対運動を展開するだけでなく、社会のさまざまなレベルで信徒が結束し、信仰を堅持することが必要だと考えられたのである。各宗派は自前の政党、新聞、学校をはじめとして、経営者団体から労働組合・中間層団体・農民団体、さらには女性団体や青年団体・高齢者団体、余暇サークルまで、信徒を広く集めた系列組織の結成を進めていった。宗派系の大学も設立されている。「柱」のネーミングは、この宗派ごとの社会集団がそれぞれ柱状に並列していることに由来する。こうして「柱」の最盛期である二〇世紀前半には、信徒はその社会生活のほとんどを、この「柱」のなかで過ごすことができたとさえいわれている。

「柱」社会のネットワークが発達した結果、これを支持基盤とする宗派政党も政治面で優位に立つことができた。「柱」に属する各団体は、選挙のさいには系列政党の候補者名簿に団体推薦の代表を並べ、その見返りとして政党活動資金や運動員を提供するのが普通だった。宗派政党の議員の多くは系列団体出身、あるいは系列団体を支持母体としており、特に宗派系労組や農民団体は恒常的に関係者を議員として送り込んでいた。

オランダでは宗派系の政党が一九八〇年まで三党存在したが、三党は互いに競合しつつも政治的主張が近いことから、キリスト教民主主義勢力として一定のまとまりを保っていた。カルヴァン派政党としては反革命党、そして反革命党から分離して成立したキリスト教歴史同盟の二党が存在し、カトリック政党と合わせて最大の中道勢力を構成したのである（なおカトリック政党は当初は議員団に過ぎず、ローマ・カトリック国家党として正式に発足したのは一九二六年。戦後はカトリック人民党に名称を変更した）。

そしてキリスト教民主主義勢力は、連立相手を自由主義政党と社会民主主義政党の間で状況に応じて切りかえながら、一九一八年から九四年までほとんどの政権で中心的な位置を占めることに成功した。特にカトリック政党は常時三割前後の得票率を確保することで、オランダ最大の政党として恒常的に政権に参加してきた。もともと共和国期以来オランダ社会ではマイノリティ扱いされてきたカトリック勢力だったが、人口比で三割強の信徒が政治的・社会的に結束することによって、二〇世紀にはむしろ政治の表舞台に躍り出ることができた。

## 第二節　オランダにおける「保守主義型福祉国家」の成立

### 1 「保守主義型福祉国家」とは

それでは、キリスト教民主主義勢力が長期にわたって政権の中枢に位置してきたオランダでは、どのような福祉国家が形成されたのだろうか。

オランダは、他の多くの大陸ヨーロッパ諸国と同様に、「保守主義型福祉国家」、あるいは「大陸型福祉国家」に分類されてきた。

よく知られているように、福祉国家研究の金字塔であるエスピン＝アンデルセンの『福祉資本主義の三つの世界』は、大陸ヨーロッパ諸国の福祉国家を「保守的福祉国家レジーム」と位置づけ、スウェーデンなど北欧型の社会民主主義系「社会民主主義レジーム」や、英米型の市場重視の「自由主義レジーム」と並ぶ独自の福祉国家とする類型論を展開した(Esping-Andersen, 1990)。またファン・ケルスベルヘンの『ソーシャル・キャピタリズム』は、特に大陸ヨーロッパにおけるキリスト教民主主義政党のプレゼンスに着目し、福祉国家形成をキリスト教民主主義の保持してきたイデオロギーと戦略の帰結として捉える視点を提示し、反響を呼んだ(van Kersbergen, 1995)。

これらの研究は、単に福祉国家のあり方を社会保障支出などの「量」から捉えるのではなく、福祉国家の「質」、すなわち福祉国家を支える社会原理や制度的特質、その背後にあるイデオロギーや政治勢力、あるいは雇用政策などの周辺の政策との関連、といった構造面に着目することで、大陸型福祉国家が独特の構造を持つカテゴリーを形成することを実証したのである(Huber et al, 1993も参照)。

大陸型福祉国家に該当するのは、オランダのほかドイツやフランス、ベルギー、オーストリア、イタリアなどである。ＧＤＰ(国内総生産)に占める社会保障費の割合をみれば、これらの諸国では北欧諸国に準ずる水準の福祉支出がなされているものの、その内実は大きく異なっていた。

エスピン＝アンデルセンが指摘するように、これらの国に共通するのは、カトリック教会やカトリック政党の影響力が強く、職能団体を重視するコーポラティズム的遺制が残っていたことである。またファン・ケルスベルヘンも、これらの国のほとんどで最大の政治勢力であった、キリスト教民主主義政党の果たした役割を重視する。大陸諸国の福祉国家形成を支えた政治社会的背景としてカトリック的伝統、そしてキリスト教民主主義政党のプレゼンスを重視する論者は多い。

歴史を遡れば、これらの諸国ではいずれも、一九世紀の後半に教育の世俗化政策への反対運動を通じて、カトリック勢力をはじめとする宗派勢力が政治の舞台に積極的に進出していった。すでにオランダについて示したように、当時各国で政権を構成していた自由主義派は、進歩と啓蒙の理念のもと、政治的民主化や自由化の推進、国家統一、産業の育成などの自由主義的施策を進めるかたわら、教会権力の削減を狙って政教分離の徹底、とりわけ教育の世俗化を推進した。しかしこれに強く反発した宗派勢力は、教育の世俗化撤回を求めて各国で政治に参入する。こうして結成された宗派政党は、広範な信徒層の支持を受け、各国で相次いで選挙に勝利していく(Kalyvas, 1996)。

これ以後、教育問題のみならず社会問題などさまざまなイシューを取り込んで裾野を広げた宗派政党は、二〇世紀に入って労組や農民団体など系列団体の組織化を進めて権力基盤を確立していく。呼称も、狭義の宗教利益の擁護者のイメージの濃い「宗派政党」から、デモクラシーを積極的に受容し、広く支持を訴える政党としての「キリスト教民主主義政党」が一般化する(水島、二〇〇八a)。こうしてキリスト教民主主義政党は、二〇世紀の大陸ヨーロッパにおいて、最大の政治勢力となった。二〇世紀前半にはオランダ、ベルギー、オーストリア、第二次世界大戦後には西ドイツ、イタリア、フランス第四共和制も加わって、キリスト教民主主義勢力は各国で最大与党として政権の中核を占めたのである。

このキリスト教民主主義にとって、福祉の問題は当初からきわめて重要な関心事であった。直接的には、伝統的に教会によって営まれてきた救貧事業が、一九世紀末の社会問題の発生とともに再編を迫られていたことがあった。しかしより重要な問題と認識されていたのは社会主義との対抗関係であった。宗派政党内の進歩派は、社会問題の深刻化と労働運動の急進化のもとで、多数の信徒労働者が社会主義に引き寄せられる状況を憂慮した。そして、社会主義に対抗する政治イデオロギーとしての「キリスト教民主主義」を打ち出す。キリスト教民主主義は、自由放任の自由主義では社会問題は解決できないと批判しつつ、社会主義の重視する階級闘争も否定し、これらに代わる「第三の道」として、階級協調と温情的な福祉政策を通じた漸進的な改革を主張した。

実際には、キリスト教民主主義政党が政権に到達する以前に、多くは自由主義系の勢力によって各国で福祉国家の基礎が築かれていたことが指摘されている。また戦後においても、キリスト教民主主義政党は他勢力とのさまざまな妥協・連合を経て、実際の福祉政策を編み出してきた(van Kersbergen and Manow, 2009)。しかしそれにもかかわらず、大陸諸国における福祉国家の特徴をみるとき、キリスト教民主主義の刻印が多分に残されていることは否定できない。

## 2 大陸型福祉国家の特徴

大陸型福祉国家の第一の特徴は、家族の重視である。ここには、家族を社会の基本単位と考えるキリスト教民主主義の社会観が反映されている。キリスト教民主主義の依拠する社会観はしばしば「人格主義(personalism)」と呼ばれている。この人格主義においては、社会は孤立した個人から成るのではなく、社会的存在としての「人格」から構成されると考えられており、人間は他との交わり、具体的には家族や教会に始まるコミュニティにおける他者との関わりを通して「人格の開花」が実現する、とされる。それゆえ家族の保護は「人格」の実現にとって不可欠となる。この家族重視のキリスト教民主主義の姿勢は、直接には妊娠中絶や離婚、あるいは同性愛に否定的な政策姿勢に表現されてきたが、福祉国家の構造にも明らかに反映している。

ここで福祉の基本単位として想定されるのは、男性稼得者モデルの家族である。すなわち男性勤労者が家計維持者として就労する一方、妻が家庭にとどまり家事・育児労働を行う家族が標準世帯とされてきた。その結果、男性稼得者のみを対象とした所得保障制度(女性の受給資格が制限される)、個人よりも家族を優遇する賃金体系・税制(夫婦一括課税など)が発展する。他方、女性は夫を介してのみ福祉給付の権利を得るものとみなされ、被扶養者であることが受給資格の条件となることが多い。シーロフが女性の賃金水準や就労率をもとに算出した「女性労働の良好度」についてみれば、個人を基本単位に置く社会民主主義レジームと比べてかなり低いのはもちろん、自由主義レジームよりも低水準にあった(Siaroff, 1994)。

ただここで興味深いのは、これらの国においては失業給付や家族手当のような移転支出が往々にして高い水準に達しており、給付条件の緩さなども加味すると、多分に「寛大」な所得保障が行われてきたことである。しかしこれも同様に、男性稼得者モデルに基づく家族重視の帰結として解釈できる。たとえば家族手当は、父親が受け取る賃金に付随して受給するのが普通であり、母親を受け取り手とする社会民主主義、あるいは自由主義レジームと対照的である。また、失業などにより男性稼得者が就労不能に陥ることは、家族全員の収入源が喪失したものと認識される。そこで一家の生計維持のためには、従前の所得に準ずる所得保障を男性稼得者に行う必要があるとして「寛大」な給付が正当化される(van Kersbergen, 1995)。「家族の生活を維持する」ために、従前賃金の

七、八割の所得保障が長期にわたって継続することも珍しくなかった。

他方では、保育所など育児にかかる公的サービスの発達が遅れているため、子どもを持つ女性は育児に専念せざるをえず、女性の就労には制約が大きかった。たとえば戦後のオランダでは、主婦たちは家庭で平均週六〇時間の家事・育児労働に従事していたといわれている。

第二の特徴は、分権性である。福祉に関する国家の役割が限定され、さまざまな下位集団が福祉の主体を担う体制が形成されてきた。前述のように、キリスト教民主主義は個人の帰属する社会集団、すなわちコミュニティに重要な価値を置く。これらのコミュニティと国家との関係に理論的裏づけを与えたのが、一九三一年の教皇回勅『クアドラジェジモ・アンノ』、とりわけそこで提示されたサブシディアリティ原則(subsidiarity)、すなわち「補助性原理」である(フォン・ネル＝ブロイニング、一九八七)。このサブシディアリティ原則は、一方で家族や教会、結社といった下位の社会集団の問題解決能力を重視し、当該集団の自治と自律を尊重する。そして他方で、国家の役割を、当該社会集団において解決できない問題が生じた場合にのみ援助を与えることに限定する。この社会集団を基本に置く発想が、個人を重視する自由主義とも、また国家の役割を重視する社会主義のあり方とも異なるのは明らかだろう。

福祉制度に関しては、このサブシディアリティ原則は次のように表れる。まず国家による一元的な管理より、下位集団による自治と自己責任を重視するところから、福祉財源は基本的には税方式より当事者の拠出に基づく社会保険が好まれる。しかも労働者の福祉を担うのは、まずはその労働者の属する各産業・職域、あるいは地域とされる。そのため、産業別や職域別に社会保険や医療保険の組合を設け、各集団内の自治に基づいて運営するのが基本となる。

この分権的な制度のあり方は、社会保険のみならず貧困者救済、あるいは医療保健サービスの提供においても共通している。これらの国では教会の救貧活動に起源を持つ福祉団体、あるいは宗派系の出自を持つ医療保健機関をはじめとする民間非営利団体が幅広く発達し、公的な補助金を受けながら運営されている。ドイツやオランダで典型的にみられるように、介護サービス提供の主力もこれらの非営利団体である。福祉の実行主体はあくまで下位の社会集団であり、国家の役割は基本的に制度の整備と執行の監督、そして財政支出にとどまる。

第三の特徴としては、「給付の偏重」と就労促進政策の欠如があげられる。福祉給付が「家計の維持」を主たる目的とした結果、比較的高水準の給付が幅広く男性稼得者に認められる一方、ひとたび労働市場の外に出た福祉給付受給者の就労復帰を促進する仕組みは弱かった。サブシディアリティを重視し、国家が市場に直接介入することを嫌うキリスト教民主主義政党においては、職業訓練や公的雇用によって失業者を就労させることよりも、所得保障の充実に関心が向けられていた。失業や貧困などの問題は、第一義的に該当者の属する産業・職域、あるいは宗派・地域社会が解決すべき問題とされるため、北欧諸国でみられたようなマクロレベル(需要の創出を通して完全雇用をめざすケインズ主義的経済政策)、ミクロレベル(労働者の職業訓練と流動化促進)で国家の介入を必要とする雇用政策には否定的である。大陸型福祉国家は「受動的(passive)」福祉国家だったのである。しかしこのことは、後に大陸型福祉国家の構造的欠陥として、重い制約を課すことになろう。

以上をまとめれば、次のようになる。大陸型福祉国家では、産業・職域別組合や非営利組織、そして家族を基本的な単位として位置づけ、国家の直接の介入を避けてこれらのコミュニティの役割を重視する福祉制度を重層的に積み上げる一方、国家が主体となって雇用を創出する発想は乏しかった。これが北欧を代表とする社会民主主義レジームにおいて、中央政府が主体となった一元的で平等な公的福祉制度の実現をめざし、あわせて積極的に完全雇用を追求する福祉国家が作られてきたことと対照的であることは、容易に理解できよう。

## 3　オランダにおける福祉国家の形成

以上のような大陸型福祉国家の特質を踏まえたうえで、次に、オランダにおける福祉国家形成の実際をみていきたい。

戦後のオランダでは、さまざまな社会保障制度が相次いで整備された結果、一九七〇年代以降は、福祉支出の面からみれば北欧諸国に並ぶ福祉国家化を実現してきた。エスピン＝アンデルセンが、「脱商品化」の観点からみた場合には、オランダは社会民主主義レジームとの共通項が多いと指摘するのも無理はない。しかしオランダの福祉制度全般を見渡せば、その内実は社会民主主義レジームと大きく異なるものであることが明らかとなる。

オランダにおける福祉制度には、以下のような重要な特徴が存在する。「柱」を支持基盤としたキリスト教民主主義政党が政治的な優位を保ち、福祉制度の発展に重要な影響を与えてきたこと、その結果「柱」に基づく民間非営利団体、あるいは産業別の保険組合といった中間団体の役割が強調される一方、国家の関与が限定されてきたこと、そして男性稼得者モデルが一九八〇年代まで支配的であり、家族の役割が重視されてきたこと、である。

前述のように、オランダではカトリック、カルヴァン派の両宗派がそれぞれ宗派政党を設立し、強力な中道勢力を作っていた。そしてカトリック政党はサブシディアリティ原則に基づいて下位団体の自治を重視したが、カルヴァン派政党も、個々の団体が国家と並んで主権を保持することを説く「領域主権論」をイデオロギー的基礎に置いていた。

これらの理論は、国家と個人の間に介在する中間団体＝「ソーシャル・ミッドフィールド（maatschappelijk middenveld）」を社会のかなめと位置づけ、その保護と育成を重視している。福祉国家の展開にあたってもこれらが反映され、家族や労使といった中間的団体が重視される結果となった。

ただ、国家による関与を受け入れるカトリックのサブシディアリティ原則と、中間団体の自治と国家干渉の抑制に重きを置くカルヴァン派の領域主権論の間には、福祉国家の充実にともなう国家機能の拡大、特に財政支出増加の是非をめぐってかなりの距離があった。そして戦後のオランダで福祉国家の大幅な拡大が可能となった背景には、戦間期まで優位に立っていたカルヴァン派に代わり、カトリック政党が戦後の政治の中核に位置して福祉国家形成に深く関与したことがあったという点は、注意を要する（van Kersbergen, 2009）。

オランダにおける社会保障制度は、①全被用者が加入する被用者保険制度（疾病保険、就労不能保険、失業保険、健康保険）、②全住民が強制的に加入する国民保険制度（一般老齢年金、特別医療費補償など）、そして、③ミーンズテストに基づく公的扶助制度、の三種を基本としていた。

以上三種のうち、キリスト教民主主義政党が特に重視したのは、やはり加入者による拠出を原則とする被用者保険である。しかも保険の管理・運営においても、各産業レベルの自治を尊重し、労組や雇用者団体の代表に中心的な役割を与えてきた。まず、疾病保険、就労不能保険、失業保険などの被用者保険を運営してきたのは、産業別に労使代表によって設立される産業保険組合(bedrijfsverenigingen)だった。この結果、給付資格の審査などにあたっては、当該産業の労使の意向が強く反映された。しかもこれらの被用者保険を中央で管理する共同保険事務局は労使代表によって構成され、監督機関である社会保険協議会は、政労使の三者で構成される。国家による一元的な管理を避け、可能な限り労使に運営を委ねる方式がとられてきたのである。

産業別の社会保険が発達した一方、国民保険の導入の歩みは遅かった。全住民を対象とする一般老齢年金が導入されたのは一九五七年のことである(スウェーデンで同様の老齢年金(国民年金)が導入されたのは一九一三年)。そのさい、普遍主義的性格が強い均一給付型の年金が選択された背景には、労働党がキリスト教民主主義諸政党との連合政権に参加していたことが影響している。しかしその年金水準は低めであるため、多数の産業・企業では、労働協約に基づいてやはり産業別・企業別に職域年金を設立し、被用者を強制的に加入させたうえで、その退職後の受取額を従前賃金の七割程度まで補う二階建て方式をとっている。また一般老齢年金などの国民保険を運営する社会保険銀行、および地域別に置かれ執行業務に携わる労働委員会も、労使あるいは政労使から構成される。被用者保険はもちろん、国民保険においても、労使の関与が制度化されてきたのである。

確かにオランダにおいても、政府主導の一元的な社会保障制度を導入する試みはあった。一九四五年、社会省の事務総長となるファン・レインを委員長とするファン・レイン委員会が戦後の社会保障制度の基本構想として提出した答申は、イギリスのベヴァリッジ報告(一九四二年)の影響を強く受けたものだった。この答申は、従来の被用者中心の社会保険制度を改め、産業別の産業保険組合に代わって国家の責任のもとで国民全員に対して社会保障を整備することをめざし、全国民を対象とする統一的な社会保険の導入を主張した。実際このファン・レイン報告は、後の一般老齢年金の導入の契機となった。

しかし、従来の被用者保険を国家管理のもとに置くこの改革案には、既存の産業別の運営に固執する労使、そして宗派勢力などの反発が寄せられ、失敗する。そして自律性を重視する労使各団体、宗派勢力の支持を受けて一九五二年に成立した社会保険組織法は、四五年のファン・レイン報告とは逆に、失業保険や疾病保険(後に就労不能保険も加わる)などの被用者保険の運営主体として、労使から成る産業保険組合を公式に位置づけた。こうして、戦後の分権的な被用者保険制度の枠組みが確立したのである(van den Berg et al., 1992)。

## 4　民間団体主体の福祉

また貧困者救済についても、伝統的に国家の役割は小さかった。一八五四年に成立し、一九一二年に改正された救貧法は、教会や慈善協会など民間団体の果たす役割を中心に据えていた。四五年のファン・レイン報告が、国民全員の「欠乏からの自由」を保障するため国家が責任を持つべきことを説いたにもかかわらず、国家が主体となる公的扶助制度への歩みは遅かった。政府の責任のもとで、自治体を実施主体として貧困者の生活保障を行うことを定めた公的扶助法(ABW)が成立したのは、六三年のことであった(Therborn, 1989)。

一般的な福祉・医療サービスの提供においても、宗派系・非宗派系を問わず、民間非営利団体の果たす役割は大きい(van Mierlo ed., 1991)。たとえば母性保護や予防的ケア、看護支援などの保健福祉活動を担ってきたのは各地に組織された十字協会だった。また高齢者などを対象としたホームヘルプサービス、ケア施設などもほとんどがやはり宗派・非宗派系の非営利団体によって運営されている。病院も一九世紀以来の慈善団体に起源を持つものを含め民間が主流で、患者数でみれば公立病院の比率は二割程度と低い。特徴的なことは、これらのサービス提供を担う民間団体において、財政的には会費や寄付金の占める割合は小さく、国や自治体からの補助金や医療保険からの給付に大きく依存していることである。その反面、運営方法は各団体に委ねられ、政府の役割は財政支援と監督に限定される。第二次世界大戦後、特にキリスト教民主主義政党の支持を受け、これらの民間団体への財政支援が飛躍的に拡大したことが大きい。

また、これも容易に想像できることだが、男性稼得者モデルが支配的だったことも特徴的である。特にオランダでは、女性を「母親ないしは潜在的な母親」と位置づけるキリスト教的社会観が、キリスト教民主主義政党の優位を背景として労働市場政策や社会政策に如実に反映されてきたとされる(van de Streek, 1993)。そして結婚した女性が退職して家庭で育児に専念することを当然とする性別役割分担意識の強さを背景に、一九七〇年代までは女性の就労率は三割にも満たず、欧米諸国で最低の水準であった(Pfau-Effinger, 2004)。この給付資格に関する男女格差が解消されたのは、一九八〇年代以降のことである。

他方では、男性稼得者を給付対象者として想定したことから、福祉給付の水準は高かった。すでに一九〇一年の障害保険法、三〇年の疾病保険法などの被用者保険において、給付額は従前賃金の七〇―八〇%に設定されており、戦後も八割前後の給付水準が維持された。児童手当などの家族手当も、男性稼得者の賃金に付随して支給されてきた。論者が指摘するように、オランダにおける福祉国家は、男性稼得者に対しては「脱商品化」を実現したものの、それは「稼得者＋ケア従事者(breadwinner-caretaker)」からなる家族モデルを前提に実現したものであり、むしろ「男女間における高度の階層化を維持・再生産」していく構造を持っていたといえよう(Bussemaker and van Kersbergen, 1994)。

一九五七年の一般老齢年金法施行以降、一般児童手当法(一九六二年)、特別医療費補償法(一九六七年)、就労不能保険法(一九六七年)といったさまざまな福祉制度の整備も進められていく。また一九七五年には、一般老齢年金などの社会保障給付の基礎額が、最低賃金法(一九六八年に成立)によって設定される最低賃金に連動することが規定された。最低賃金は民間平均賃金を基礎に算出されるため、これは福祉給付が実質的に民間賃金水準に連動して上昇することを意味していた。しかも六〇年代以降は、北海で発見された天然ガスによる莫大な財政収入によって、福祉国家の急速な拡大が財政的に支えられた。

その結果、オランダにおける福祉国家の「拡張期」とされる一九六三年から七五年には、社会保障関連支出は年率平均八・五％の伸びを示し、六二年にはGDP比一八・五％に過ぎなかった社会保障関連支出は、七五年に三五・四％に達する。この数値は同時期の北欧諸国のそれに匹敵したのである(Roebroek, 1993)。

## 第三節　中間団体政治の形成と展開

### 1　中間団体をめぐる歴史的背景

このようにオランダでは、福祉国家の運営主体として、労使団体や非営利団体などの中間団体が重要な役割を果たしてきた。しかしオランダにおける中間団体の役割は、福祉分野に限定されるものではない。

本章第一節で示したように、オランダでは共和国期以来、いわゆる絶対主義王政を成立させた周辺諸国と異なり、中央集権的な官僚機構が不在のなかで、民間団体や自治組織などの中間団体が活発に活動し、一定の公的な機能を担ってきたという歴史的な伝統が存在する。

これら中間団体の役割は、一九世紀末以降の「柱」の形成、そして二〇世紀のオランダ政治におけるキリスト教民主主義政党の継続的優位によっていっそう強化された。そして労組や中間層団体、農民団体などの階層団体に加えて、宗派系小中学校などの教育組織、住宅協会、青年団体や女性団体など、各種の中間団体が叢生して市民生活を覆っていくことになる。

しかも第二次世界大戦後には、オランダの中間団体は単に国家の保護を受けるのみならず、政策形成過程に積極的に包摂され、社会経済政策の作成や執行のさまざまなレベルで関与を深めていく。これにはキリスト教民主主義政党に加えて、支持基盤である労組の発言力強化を支援する労働党も支持を与えていた。その結果、政労使のマクロレベルの協議から政策分野ごとの各種の審議会に至るまで、各レベルで中間団体が政策形成に重要な役割を果たすようになったのである。

そこで次に、オランダにおける中間団体の包摂状況をマクロレベルとメゾ(中間)レベルに分け、簡単にみてみたい。

## 2　中間団体の包摂——マクロレベル

戦後のオランダでマクロレベルに成立した政労使の協調体制は、マクロ・コーポラティズム、あるいはネオ・コーポラティズムの語で広く知られている。すなわち労働組合や経営者団体は、労働協会(Stichting van de Arbeid)や社会経済協議会(Sociaal-Economische Raad)をはじめとする各種の審議会や協議機関に代表を送ることで、社会経済政策全般に強い影響力を及ぼすとともに、政労使の協調を背景とした安定的な労使関係を実現させてきた(水島、二〇〇一a)。

まず労働協会は、労使二者の頂上協議機関である。任意団体であるが、社会労働政策を中心に重要な影響力を持つ「公認団体」として活動してきた。特に一九四五年から六〇年代後半まで、政府との密接な協議のもとで所得政策に参加し、その実施の主体となったことで、戦後オランダにおける経済再建の重要な立役者となっている。

また社会経済協議会は、政府の社会経済政策に関する最高諮問機関として一九五〇年に設立された。重要な社会経済政策関連の法案については、政府が議会提出以前に社会経済協議会に諮問することが義務づけられたことで、労使がその意向を政策に反映させるきわめて重要な場となった。委員はかつては労使代表一五名ずつ、および政府任命の専門委員一五名の計四五名から構成され、ここで全会一致で提出された答申の多くは立法結果に大きく影響してきたと評されている[1]。しかも総会の下に多数の専門部会が置かれ、常勤のスタッフがこれを支援することで、社会経済分野における政策形成の場として重要な役割を果たしてきた。

近年、このオランダの政労使の協調体制に再び注目が集まり、「オランダモデル」(ポルダーモデル)の典型として描かれることも多い(オランダモデルについては第二章で詳述)。多様な利害関係者が集い、議論をして合意を得ようとするスタイルは、しばしばオランダの歴史に根ざしたものであると描かれる。歴史学者のテ・フェルデは、ポルダーモデルとは「合意を志向した制度的構造と平和裏に協議を行う精神」を指し、「関係者は全員、多少なりとも平等な立場から関与する」ものであるという(te Velde, 2007, 10)。このポルダーモデルが具体的に応用される機関や制度は多岐にわたるが、労働協会や社会経済協議会は、その権限の強さ、扱う政策分野の広範さ、同数ずつの二者構成・三者構成というわかりやすさなどから、まさにこのポルダーモデルの中核に位置する制度であるといえよう。

### 3　中間団体の包摂――メゾレベル

次に、メゾレベルについてみてみよう。オランダでは教育・福祉・医療をはじめとするさまざまな個別の政策領域においても、関連する団体が政策過程に深く包摂されてきた。その最も主要な方法は各種の審議会への参加である(van Eijk et al. 1993)。もともと審議会についてはオランダ憲法七九条に規定があり、立法や中央政府の行政に関与する常設の審議会は、法律により設置されることとなっている(第一項)(Heringa and Zwart 1987, 126–128)。また審議会の構成や権限についても法律の定めるところによるとし(第二項)、その点では省庁の都合による一方的な審議会の増加や権限の拡大に歯止めがかけられてはいた。

しかし現実には、一九六〇年代から七〇年代にかけ、福祉国家の発展と国家機能の拡大とともに審議会は増加の一途をたどり、その果たす役割も増大してきた。九四年の時点で審議会の数は各省庁で合計一二〇を超え、豊富なスタッフも配置されて政策形成機能の重要な担い手となっていたのである。また審議会メンバーの七五%は関連利益団体の政策スタッフやメンバーとされており、関連団体が積極的に政策形成に影響力を行使することを可能としてきた。七〇年代には審議会の答申の九〇％は全会一致で作成されたといわれているが、諮問省庁は多くの場合、答申を忠実に踏襲して政策に反映させていた。こうした審議会の持つ強い影響力を揶揄して、「審議会王国(radenmorarchie)」や「第三議会(derde kamer)」との呼び方もあった(Sap, 1998, 224-226)。

また、マクロレベルの政策に強い影響力を発揮してきた労使団体が、メゾレベルにおいても特権的な地位を保持してきたことは見逃せない。なかでも重要なものとして、一般的拘束力宣言を通じた労働市場に対するコントロール権限、そして被用者保険の運営を通じた社会保険に対するコントロール権限の二つが挙げられる。

まず一般的拘束力宣言とは、個別の産業で労使間に労使協約が締結・改定されたさいに、当該労使の申請に基づき社会相が発する宣言のことである。この宣言によって、労使協定に参加したか否かを問わず、該当する産業に属する全企業にわたって当該の労使協約が拘束力を与えられる。特に一九六〇年代までは、一般的拘束力宣言を用いれば、中央レベルで交渉の結果合意された賃上げ幅を産業別の労使協約を通じて末端まで浸透させ、結果として国民全体の所得水準に影響を与えることが可能になるため、所得政策を実施するうえできわめて有用な手段となっていた。また必ずしも労働組合の組織率が高くないオランダにおいて、この一般的拘束力宣言の制度はとりわけ労組の存在感を強く発揮する場でもあった。

また各種の被用者保険についても、運営の主体は労使だった。オランダでは労使が産業別に産業保険組合を結成し、失業保険・就労不能保険などの被用者保険を運営する形態が歴史的に形成されてきた。しかも社会保険全般を監督する最高機関である社会保険協議会自体も、政労使の三者が委員を選出し、事実上労使が実権を握っていた。その結果、保険給付の資格判定などに労使は強い影響力を発揮し、その「寛大な」給付基準は一九八〇年代以降、就労不能保険などの各種給付受給者の飛躍的な増加を招く結果となった。

## 4　中間団体批判

しかしこのように中間団体を政策形成に深く包摂するガバナンスのあり方に対しては、一九八〇年代ごろから批判が強まっていった。特にオランダでは第二次石油危機以降の不況と財政危機のもとで、福祉支出削減などさまざまな改革が模索されたにもかかわらず、政労使間における合意が困難でしばしば改革が失敗したことから、むしろ労使をはじめとする中間団体が改革を阻害していると考えられるようになった。

とりわけ一九九〇年前後には、福祉給付の受給要件の厳格化を進めようとする政府案を労組側が拒否し、デモなど各地で激しい抗議活動を繰り広げた。また先述のように労使が運営の主体となる被用者保険においては、給付資格の判定で労使が「お手盛り」の緩い認定を進めた結果、就労不能給付だけで一〇〇万人に近い受給者を数えていた。そして福祉政策以外にも、農業政策や環境政策、都市計画などさまざまな政策分野で、既存の意思決定回路がうまく機能せず、時間ばかり浪費する「停滞」が指摘されるようになる。ヨーロッパ統合の進展、グローバル化のもとで、従来の制度では政策に必要な「機動性」が欠けているとして、オランダ特有のコーポラティズム的政策決定システムが批判にさらされた。それらの批判をまとめてみると、以下のように整理できよう。

第一は、意思決定過程の機能不全を指摘する、「粘着的国家(stroperige staat)」論といわれる批判である。この見方によると、審議会制度をはじめとするオランダの意思決定制度は、「全員が全案件に口を出せる」制度である。「この国においては、内閣は唯一の政府ではない。労使団体や諮問機関も……深く関与しつつ共同決定を行っているのである」(Chavannes, 1994, 166)。この方式は、政策に対する社会団体や利害関係人の支持を得るうえではすぐれているものの、多数のアクターの協議と同意を前提とするため効率性に劣り、迅速な意思決定は難しい。合意を得られないまま「永遠にボールが行き交い続ける」のである。それどころか審議会を「アリバイ」として用いることで、意思決定を遅延させ、不都合な政策をお蔵入りさせることも可能となる。

第二に、オランダの政策過程が現実には一部のエリートにのみ独占されてきたとする批判も強まってきた。この議論を「閉じられた円環」論と呼ぶこともある。この見方は、特定の官僚・政治家と利益団体が政策形成に関わる閉鎖的空間を構成しているとし、特に労組・雇用者団体をはじめとする特定の団体が審議会などの場を通じて政策形成に排他的に参加を認められることで、部分利益を全体利益に優先させているとする。「この国の社会経済政策は今もなお戦後初期と同一の発想、同一の統治メカニズムによって支配されている」(Chavannes, 1994)のである。権力は「常に同一の男性たち」が握る一方、彼らが実質的な権力を保持しているという事実については、外部から隠蔽することに専念しているとする。

さらに、審議会などの各種の協議機関に参加している団体そのものの正統性を疑う声も高まっている。たとえば労組の加入率は長期低落傾向にあり、現在は三割を切っている。労組のみならず、各種の業界団体などでも、組織離れや求心力の低下は著しい。

特に、社会経済政策全般に強い影響力を持つ社会経済協議会においては、委員の構成がしばしば批判の的となっている。労使以外の団体、特に消費者団体、環境保護団体などからは、労使のみを特別扱いする委員構成への不満が強い。そもそも労働組合については、その組織率が漸減していることを踏まえ、労組の労働者に対する「代表性」に疑問を呈する声が上がっていることも、批判の背景にある(van der Velden, 2005, 171)。独立委員の選定についても、政府は公募制の採用には否定的であり、閉鎖性が指摘される

(Akkerman, 2005, 193)。まさにテ・フェルデが指摘するように、「ポルダーモデルとは、排除もともなっている……協議を行う前に、誰が協議に参加できるのかが決められている」のである(te Velde, 2007, 23)。

政党レベルでは、以上のような批判は自由主義系の政党などから強くなされてきた。団体依存度の高いキリスト教民主アピールや労働党が、労組など各種の系列団体を密接に政策形成に関与させることで、党への支持の調達を図ってきたという歴史を考えると、特定の団体に依存することの少ない自由主義政党が批判の先頭に立ったのは自然なことであった。

## 5　紫連合政権の成立

そして一九九〇年代に入ると、規制緩和や福祉国家改革の流れのなかで、キリスト教民主アピールや労働党のなかにも既得権益にとらわれずに改革を進めるべきだと主張する動きが出てくる。特にキリスト教民主アピール・労働党の連立からなる第三次ルベルス(Ruud Lubbers)政権(一九八九―九四年)下においてその動きは目立ってきた。たとえば労働党の指導者でもあるコック(Wim Kok)財務相は九〇年代初頭の就労不能保険の改正にさいし、給付要件の厳格化に反対する党内の労組系メンバーたちの強い抵抗と相次ぐ離党のもとでも改革路線を堅持し、改革案を成立に導いている。また同時期、キリスト教民主アピール右派の若手指導者であるブリンクマン(Elco Brinkman)もオランダの政策決定過程の機能不全を批判して「粘着的国家」批判に同調し、反響を呼んだ(Hendriks, 2001, 23)。ルベルス政権末期には、流れは変わりつつあったといえよう。

そして以上のような中間団体批判の流れの一つの頂点が、一九九四年の総選挙だった。キリスト教民主アピールは五四議席を三四議席に激減させる歴史的大敗を喫し、実に七六年ぶりにキリスト教民主主義政党が与党を外れる結果となったのである。代わって成立したのは、労働党・自由民主人民党・民主66(D66)の三党からなり、労働党のコックを首班とする「紫連合(paarse coalitie)」政権だった。キリスト教民主アピールが大敗した直接の理由としては、選挙戦術の失敗、党の内紛などが挙げられるが、その背景には、従来キリスト教民主アピールを物的・人的に支えてきた系列団体のネットワークが決定的に弱体化してしまったという構造的な変容があった。

これに対して新しく成立した政権は「政治の優位(primaat van de politiek)」を掲げ、利益団体の深く関与する政策形成システムからの脱皮を志向した。とりわけ連立を構成する三党のうち二党が自由主義政党であり、ともにこの選挙で大幅に得票を増やして政権に参加したことは、政権の反コーポラティズム志向を強める結果となった。もちろんこの改革の背景に、キリスト教民主主義系の利益団体が多数恩恵にあずかるコーポラティズム的制度を改めることで、キリスト教民主主義政党の支持基盤の解体を図ろうとする政治的な意図があったことは否定できない。しかしこの改革が幅広い支持を受けたのは、従来のような利益団体の関与を前提とするコーポラティズム的制度の負の面があらわになり、「粘着的国家」論にみられるように、根本的な見直しの必要性が一般に認識されていたことによる。その結果、従来の団体包摂型の意思決定過程の全体にわたり、いくつかのメスが入れられた。

## 6 審議会制度の改革

それらの改革で第一に挙げるべきは、オランダの政策過程の最大の特徴であった、審議会制度に大幅な改革が行われたことである。この動きはすでにキリスト教民主主義政権の末期に始まっていた。画期となったのは一九九三年にデ・ヨングを委員長とする議会特別委員会によって作成・提出された委員会報告『ふさわしい審議会のあり方について(*Raad op maat*)』である(Tweede Kamer der Staten-Generaal, 1992-1993b)。

この報告書は、既存の審議会のあり方を以下のように厳しく批判した。オランダでは一九六〇年代以降、各種の審議会が自己増殖していった結果、現在の審議会の構造には原則もなければ一貫性もない。そして審議会を通じ利益団体や官僚らによる「閉じられた円環」が形成された結果、その「円環」内部で合意が作られる一方、「政府や議会は既成事実を突きつけられ」るのみであり、議会は政策形成に実質的な関与を行う道が閉ざされている。その結果、議会制民主主義が掘り崩され、縦割り行政が強化されている。このように指摘したうえで、この「閉じられた円環」を「打破し」、審議会構造全体に一定の理念を行きわたらせるため、報告書は大胆な提案を行った。

具体的には①既存の全審議会を廃止したうえで、大まかな政策内容を扱う少数の審議会に再編すること、②審議会に対する諮問義務を廃止すること、③審議会委員は原則的に、当該分野に関する専門性を有した独立専門家のみによって構成し、団体代表を排除すること、④議会による審議会への直接諮問制度を導入すること、などである。

この委員会報告を受けて、ルベルス政権は審議会改革に乗り出し、それはコック政権に受け継がれる。コック政権ではまず「諮問義務廃止法」(一九九五年)を成立させ、審議会への諮問義務の規定を大幅に削除した。そして一九九七年一月に施行された「審議会枠組み法」により、この「革命的断絶」(Sap, 1998, 235)と呼ばれた大規模な審議会改革はほぼ完了する。

この審議会枠組み法および関連法のもとで、従来一二〇ほど存在した各種の審議会はいったんすべて廃止されたうえで、二三の新審議会へと大幅に削減された。文化審議会、教育審議会、エネルギー審議会など大まかな政策分野に沿った審議会が設置されたのである。各審議会の委員数はほとんどが一五名以内となり、委員の総数は約二三〇〇名から四〇〇名へと激減した。経費も約三分の二に削減できたといわれている(Sap, 1998,

238)。また、委員を当該分野における専門性や社会的知識・経験に基づき任命することで、審議会は専門的見地からアドヴァイスを行う機関と位置づけられ、利益団体は排除された。

これらの改革には、既存の審議会などからの反発が寄せられたものの、コック政権の担当閣僚である民主66のコーンスタム内務副大臣は改革の実現に強い意欲を燃やし、関係法案を次々成立させていった。こうしてオランダの中間団体の政策参加を保障してきた審議会制度は、根本的な再編を遂げることになったのである。

「最高諮問機関」として審議会のなかで特別の地位を持つ社会経済協議会も、この改革の波を免れることはできなかった。前述のように社会経済協議会は政労使一五名ずつの委員によって構成され、政府の社会経済政策立法全般について議会提出前に審議を行う機関であり、オランダにおけるマクロ・コーポラティズムの重要な軸であった。しかし紫連合政権のもとで、一九九五年には社会経済協議会に対する政府の諮問の義務づけが解除され、構成メンバーも四五名から三三名に縮小された。労使は重要な政策課題に対する「拒否権プレーヤー」としての地位を決定的に失ったのである。

ただ、この改革によって社会経済協議会の地位が決定的に低下したとみることはできない。改革後の一九九六年から二〇〇〇年に至る期間を対象として社会経済協議会について行われた外部評価も、それを裏づけている。九九年より下院による直接の諮問が可能となったことから、答申数は年間平均二〇件と改革前とほぼ同数であり、諮問義務の解除が諮問数の大幅な減少につながったとはいえない。また答申に要する期間(平均六・五カ月)は改革前より短縮され、全会一致の答申比率は上昇した。各省庁に加えて下院も諮問を行うようになり、また社会経済協議会のあり方に対する厳しい外部の視線が一種の「規律」として作用するなかで、むしろ本来の諮問機関としての社会経済協議会が復活したという好意的な見方もある。しかし政労使三者のみを正式メンバーとする構成自体には変化がなかったことは、消費者団体などからの批判を招く結果となった。今後も委員構成や権限をめぐり、さらに改革論議が進められていくことが予想されよう(水島、二〇一〇)。

## 7　開かれたガバナンスの模索

以上みてきたように、オランダの政策決定過程に深く包摂されてきた中間団体の役割は、一九九〇年代に「粘着的国家」や「閉じられた円環」批判の高まりを受けて、大きな変容を蒙る結果となった。ヨーロッパ統合の進展やグローバル化のもとで、環境の変化に機敏に対処するために「政策の機動性」が重要であるとの見方が有力となるなかで、従来のような関係団体とのコンセンサスを重視する政策決定方式では迅速な対応が困難であるとして、中間団体の介入を排除するさまざまな改革が進められたのである。

確かに審議会などの政策決定過程に中間団体を包摂する旧来の手法は、当該団体の合意と協力を獲得するうえで重要な役割を果たしてきた。しかしこれらの場は、むしろ近年では構成団体が既得権益を保持するための牙城となり、政策革新を阻害する「拒否権プレーヤー」とみなされ、「粘着的国家」の象徴として批判されるようになった。しかも政策決定過程に排他的なアクセスを認められた旧来の中間団体の多くが組織率を減少させるなか、非包括的な団体が依然として「代表」として行動することにも疑問の目が向けられた。オランダでは二〇〇二年、既成政治を批判する新右翼政党「フォルタイン党」が総選挙で躍進したが、オランダの政治経済は一部のエリートによる「裏部屋の取引」によって支配されている、とのフォルタインの主張には、一定の説得力があったのである(詳細は第三章参照)。

以上みたようなさまざまな変化は、「公共性」の担い手をめぐる認識の変化とも軌を一にしている。労使団体や農民団体、業界団体などの中間団体は、かつてはいわば社会を機能的に代表する存在として「公共性」を体現し、正統性を持つ存在として政策過程に強い影響力を発揮してきた。しかし近年は、一方で「政治の優位」の主張のもとで議会が活性化の兆しを示し、議会調査などを通じて中間団体に対する監視活動を強めている。他方では、従来の枠にとらわれないさまざまな団体・運動が出現しており、福祉や教育、環境、国際協力などをはじめとして、現代的なニーズの強い団体の活動はむしろ活発化している(de Hart and Dekker, 1999)。そのなかで、旧来型の中間団体は、排他的に公共性を担う主体として自らを主張することが困難となってきている。こうして「開かれたガバナンス」構造に移行しつつあるなかで、団体が「公共性」の担い手として存続することができるのか。オランダ政治における中間団体のあり方は、曲がり角に来ているといえよう。

(1) 社会経済協議会の答申が内閣の方針や議会の立法活動に与える影響について、社会経済協議会の報告書は、「ほとんどの答申において、内閣は社会経済協議会の最も重要な提案・勧告に従っている」(Sociaal-Economische Raad, 2006, 6)としており、議会資料などから判断すれば、「通常は、答申は政策過程に影響を及ぼしている」と結論づけている。

他方では、実証的な調査に基づき、社会経済協議会の影響力の「強さ」に疑問を投げかける研究も出ている。カンプハイスは一九五〇年から九三年に至る時期の社会経済協議会の賃金・物価政策に関する答申を取り上げた長大な博士論文において、答申と実際の政策過程における展開を詳細に検討したうえで、社会経済協議会の影響力は「並以上のものではなく」、一般に流布しているイメージは誇張されていると論じ、時期や現実の政治経済的展開に左右される面も強いことを指摘した(Camphuis, 2009)。特に諮問を行う政府の側においては、政策過程におけるイニシアティブを社会経済協議会に委ねることのないよう、絶えず注意が払われたのであり、主導権は基本的に政府の側にあったとしている。

# 第二章　オランダモデルの光
## ――新たな雇用・福祉国家モデルの生成

## 第一節　大陸型福祉国家の隘路

### 1　ワークシェアリングを超えて

政労使の協調による柔軟な経済運営により、オランダが順調な経済成長と失業率の大幅な低下を実現したとする「オランダモデル」論が国際的に流行し、不況下にある日本でもオランダに対する注目が一気に高まったのは一九九〇年代末のことであった（Visser and Hemerijck, 1997; 長坂、二〇〇〇）。オランダでは石油危機後の経済停滞に悩まされていた八〇年代前半、政労使が相互の妥協に基づいて賃金の抑制と労働時間の短縮に同意し、減税による購買力の維持なども含む包括的な合意を結んだ。これを転機として、労働コストの削減による企業の収益性の回復、国際競争力の強化が進んでいく。そして労働時間の短縮やパートタイム労働の促進により雇用の拡大が促され、九〇年代のオランダの経済成長に貢献したといわれている(1)。

特に日本では、かつてなく高い失業率を背景として、オランダモデルのなかでもいわゆるワークシェアリングの側面が注目を集めてきた（脇坂、二〇〇二）。失業対策として、時短やパートタイム労働の促進を通じてより多くの人が仕事を分かち合うワークシェアリングの可能性が模索され、一時期は労組や研究者によるオランダ視察が相次いだ。また一部の企業では、ワークシェアリングを実際に導入する動きもあった。しかしながら、サービス残業が残る日本の企業では時短は名目上のものに終わる恐れがあった。また、フルタイム労働者とパートタイム労働者の間に給与や雇用保障などの点で歴然とした待遇の違いが存在することから、パートタイム労働へのシフトは企業のリストラ策として利用される可能性もあった。さまざまな問題点が指摘されるなかで、ワークシェアリングへの熱気も下火となってしまっている。

しかしながら、一九八〇年代以降進められてきたオランダの雇用・福祉改革は、単に経済の成長や失業の減少を目的とするものではない。特に九〇年代後半以降は、福祉制度の抜本的改革と並んで、雇用形態の柔軟化や家族ケア休暇の充実、フルタイム・パートタイム間の相互移動の保障など、労働者の就労形態の多様化と自由度の拡大を支える改革が積極的に進められてきており、ワークシェアリングの枠を大きく超えるものとなっている。雇用の柔軟性（flexibility）と保障（security）をともに追求するオランダのフレキシキュリティ（flexicurity）や、ワーク・ライフ・バランスの促進などは、先進諸国のなかでも先駆的な内容を含んでいる。二期続いた労働党を主軸とするコック政権（一九九四—二〇〇二年）は福祉・雇用全般にわたる本格的な改革を推進したことで知られるが、その路線に沿った改革は、二〇〇二年以降のキリスト教民主アピール中心のバルケネンデ

(Jan Peter Balkenende)政権においても継続した。

近年その姿をみせつつあるオランダの雇用・福祉国家モデルは、日本にも少なからぬ示唆を与える可能性を秘めている。ワークシェアリング導入の実現可能性が少ないがゆえに、オランダにおける雇用・福祉改革そのものへの注目が薄れているとしたら、残念なことといわざるをえない。

このオランダの改革でめざされているのは、より多くの人を就労へと促し、社会参加を促進するとともに、しかも同時に個々人のさまざまな価値観やライフスタイルの実現を支援していくような雇用・福祉の仕組みを創出していくことである。経済のグローバル化と産業構造の高度化、サービス化のなかで労働者の就労形態や志向は大きく変化し、また多様化している。また男性労働者が一家の生計維持者としてフルタイムで働く、という労働者像はすでに過去のものとなっている。「標準的な労働者なるものは、もはや存在しない」というのがオランダ最大の労組のナショナル・センターの見解である(FNV. 2000)。男女とも労働市場に参加しつつ、しかも家庭の事情や地域社会への参画といった個別の状況に応じて労働時間や形態を変更したり、一時的に労働市場を離れたり、あるいは復帰することが可能な雇用や福祉の仕組みを作り上げていくことが追求されている。労働と家族生活を調和させつつ、より多くの人が労働市場に参加し、しかもそれが市民社会の活性化にもつながるようなあり方が模索されているのである。

これらの改革は、オランダ型の「持続可能な福祉国家」をめざす試みでもある。オランダでも高齢化が進み、社会保障支出の増大が問題となっており、支出の抑制を図るとともに、福祉国家の支え手となる就労者層を拡大していくことは喫緊の課題である。しかしさまざまな理由によりフルタイム労働を継続的に行うことが困難な、あるいは望まない多くの人々――たとえば子育て中の母親、健康上の理由により長時間勤務の困難な人、家族生活や個人的な志向を優先するために短時間勤務を望む人――の希望に沿うような就労形態が現実に保障されていないのであれば、就労促進は絵に描いた餅にならざるをえない。また、従来フルタイムで働いてきた労働者のなかにも、希望に応じた就労形態が可能なのであれば、高齢になっても何らかの形での就労を継続することを望む人は多い。

就労することが家庭や個人の生活の妨げとなるのではなく、むしろ――たとえば就労と育児・介護や勉学との両立といった形で――各人の希望の実現を支援する方向に働くのであれば、すなわち、就労が人々のライフチャンスの拡大を支えるのであれば、「働くこと」は魅力を持って多くの人をひきつけるだろう。より多くの人が参加することで、福祉国家を「持続可能」にするための仕掛けをさまざまな段階に備えていこうというのが、オランダの雇用・福祉改革の特徴なのである。

本章では、このオランダのめざす雇用・福祉モデルを取り巻く背景やその構造を明らかにする。この作業は、オランダモデルにおける「光」の面を照らし出すとともに、日本における福祉国家の持続可能性を考えるうえでも、有益な材料を提供するだろう。

## 2　大陸型福祉国家の特徴と限界

前章で示したように、オランダをはじめとする所得保障を重視する保守主義型・大陸型福祉国家は、経済成長と雇用の拡大が続き、福祉給付対象者の限定されていた一九七〇年代までは「持続可能」であったものの、石油危機後の景気後退期に入り、産業構造が再編のときを迎えると、重大な困難に直面する。

二度の石油危機は、国際経済への依存度の高いオランダ経済に強い打撃を与えた。オランダはかつてないインフレと景気後退に見舞われたのである。しかも豊富な天然ガスの輸出に支えられて経常収支は黒字を続けたため、実質為替レートは上昇し、輸出産業の国際競争力を低下させた。一九六〇年代まで続いた事実上の完全雇用状態は一変し、失業も急増した。

インフレ抑制を重視する政府は、一九七〇年代後半から緊縮政策に転じ、金融引き締めを図るが、これは七〇年代末から八〇年代初頭にかけて企業倒産と大規模な合理化を促進し、失業をいっそう深刻化させる。一九八三年には失業率は一二%に達する。しかし個々の企業の合理化の努力にもかかわらず、社会保障負担の急増、そして賃金コストの増大(民間セクターの賃金の大半は労働協約により物価上昇率に連動することが定められていた)は、企業収益を大幅に低下させた。

財政状況も悪化した。社会保障給付や公共セクターの賃金は民間賃金に連動していたが、賃金・社会保障給付の抑制の試みは労組らの抵抗で失敗し、緊縮方針にもかかわらず政府支出は一方的に増加する。天然ガスによる潤沢な財政収入を背景に拡大してきた福祉国家は、経済危機にさいして国家財政に強い桎梏として作用した。こうして雇用政策を欠いたまま失業は増加し、社会保障負担の増大と企業収益の低下、財政赤字の増加という悪循環が生じ、いわゆる「オランダ病」として知られるようにもなった。

特にオランダに特徴的なことは、失業と並んで就労不能保険(WAO)の受給者も大幅に増加したことである。この就労不能保険は、病気・災害など発生原因を問わず、業務外の原因も含めて就労が全面的、あるいは部分的に困難となった被用者に対し、従前賃金(部分的な就労不能の場合は減額された賃金)の八〇％を給付するというものである。一九六七年に従来の災害・障害保険に代わって導入され、七〇年には二七万八〇〇〇人に過ぎなかった受給者数は、八〇年には二倍以上の六〇万八〇〇〇人に達し、八〇年代以降も増加の一途をたどる。本来なら失業保険の対象となるべき被用者が多数、この就労不能保険の適用を受けていたとみられている。

受給者が大幅に増えた背景には、業務外の原因も認めるとする、就労不能保険の独特の緩い給付基準があった。就労不能の判定にあたっては、疾病・障害の種類や業務関連性の有無は問われない。しかも当該労働者の就労期間・保険加入期間の長短にかかわらず、従前賃金の八〇％が全額支給された。また一九七三年には部分的な就労不能者に対し、彼らの求職活動の困難さを考慮して全額給付を認める「労働市場配慮」が導入され、審査はいっそう緩和される。

本来、就労不能者は、審査によって就労不能程度が一五％から一〇〇％に及ぶ七段階に分類され、給付額もこれに応じて決定されるはずだった。しかし部分的な就労不能者の大半は、従前の職に見合う再就職が困難であるという「労働市場配慮」により、原則的に全面的就労不能と判断された。最低ランクの就労不能度一五％とみなされうる場合でさえ、多くは一〇〇％に分類され、結果的に審査対象の八、九割が就労不能度一〇〇％と判断される状況だった。大陸型福祉国家の社会保険に所得保障の色彩が強いことはすでに指摘した通りだが、オランダの就労不能保険はその点で最も「寛大」な所得保障制度だったとさえいえるだろう。

しかも各産業の労使代表が構成する産業保険組合は、受給者数を抑制するどころか、むしろ労使それぞれの思惑から審査基準を実質的に緩め、この就労不能保険を積極的に「活用」する方向に進んでいく。

まず使用者にとっては、この就労不能保険は不況下で解雇に代わる手軽な余剰人員削減の手段となった。雇用規制が厳しく、解雇に公的機関の許可が義務づけられているオランダでは、労働者整理のための解雇は容易ではなく、労使紛争を誘発する可能性も高い。しかし就労不能保険を利用することで、特に人件費の高い中高年労働者を削減し、合理化を進めることができたのである。

また労働者にとっても、就労不能保険は魅力的だった。原則として支給期間に制限のない就労不能保険は、最長でも支給期間が二年六カ月である失業手当より明らかに支給額において有利であり、再就労の義務もない。また開始後二年間は解雇が禁止されている。特に五〇歳以上の労働者の場合、一般老齢年金の支給が始まる六五歳まで従前賃金の八〇％を保障するこの保険を、事実上の早期退職手当として利用することが多く、企業もこれを促進した。オランダにおける就労不能保険は、周辺諸国における早期退職制度と同様の機能を持っていたといえる。

また労使の構成する産業保険組合が行う審査は、組合外部の共同医療サービス機構の医師が診察して作成する勧告に基づき行われるため、審査の客観性が保たれるはずだった。しかし、実際にはこの共同医療サービス機構の執行委員会も、労使選出委員が圧倒的多数を占めていた。そして「労働市場配慮」に基づき一〇〇％給付を望む労使の意向を汲み取った結果、前述のように大半のケースで機械的に就労不能度一〇〇％との勧告を作成し、実質的なチェックはほとんど行われなかった。

この就労不能保険制度には、本来は受給者の就労復帰を促進する仕組みが備わっていた。保険給付の一部は、受給者の職業教育や再訓練といった現物給付によって行うべきことが想定されていたのである。しかし現実にこの再訓練関連に投じられた費用は一九九一年で総予算の〇・〇六％に過ぎず、再就労の促進にはまったく効果を発揮しなかった。こうして給付抑制と労働市場への再統合のメカニズムが働かないまま就労不能給付関連の受給者は増え、九〇年代初頭には人口一五〇〇万人強の国で一〇〇万人に迫り、労働力人口の一割を優に超えた(Aarts et al., 1996)。

### 3　大陸型福祉国家の構造的問題

とはいえ、この時期のオランダの抱えた福祉国家の困難を、一国に限定された問題とみることはできない。たとえばドイツでも、一九八〇年代前半に失業率が急上昇して戦後最高の水準に達し、以後も高水準のまま推移してきた。早期退職の促進、社会保障負担の増加と労働コストの上昇、そして雇用の縮小など、オランダと共通する面も多い(Manow and Seils, 2000)。むしろ大陸型福祉国家のはらむ構造的問題が現れた例として、オランダの状況を考える方が妥当である。

第一章で論じたように、大陸型福祉国家では、社会民主主義レジームと対照的に完全雇用への関心が薄い。北欧諸国が積極的労働市場政策を採用し、労働力の再教育や産業間移動の促進によって失業を抑制してきたのに対し、大陸型福祉国家は労働力の供給サイドの削減を重視する。すなわち結婚退職や早期退職を促し、労働力の労働市場からの退出を進めることで、結果として失業の抑制をある程度実現してきたのである。この場合、北欧諸国のように職業訓練や職業斡旋などを通じて労働力の再活性化を促すことはほとんどなく、むしろ労働市場を退出する男性稼得者への所得保障が重視される。「受動的」福祉国家といわれるゆえんである。

しかし、しばしば指摘されるように、所得保障を基本とするこの「受動的」福祉国家は、経済成長と完全雇用が続き、財政的余裕のある時期には維持可能であるものの、とりわけ産業構造が再編期に入り、既存の産業が合理化を進める段階になると困難に直面する。「大陸型福祉国家の成功は……成人男性における完全雇用、そして経済成長にその多くを依存していた」のである(Häusermann, 2010, 21)。

この理由は、次のように説明できる。大陸型福祉国家では、一家の生計を支える男性稼得者への所得保障という観点から、賃金・福祉給付の水準は高めに設定されてきた。しかしこれは労働コストを上昇させるため、不況期に入ると個別の企業は早期退職などを通じて労働コストの削減による合理化を進めざるをえない。そして手厚い所得保障が用意されていることから、労組や労働者の側も早期退職による労働市場からの退出を選好する。しかもいったん退出した労働力が労働市場に復帰するインセンティブは弱い。

高齢男性の就労率がベルギー、イタリア、オランダなどの大陸諸国で際立って低いのはその表れである。

しかし、労使が一致して進める労働力の退出促進、すなわち「労働力供給の削減戦略」(Esping-Andersen, 1996b)は、社会保障負担をいっそう増加させ、労働コストをますます上昇させる。そのため企業は新規雇用に及び腰となり、全体としての雇用はさらに減少する。しかも北欧諸国のような、産業構造の変化に対応し、職業訓練を通じて労働力を再教育する制度も欠けているため、産業間の労働力移動がスムーズに進まない。その結果大陸諸国では、失業者に占める長期失業者の割合が際立って高くなる。

こうして「雇用なき福祉(welfare without work)」と呼ばれる悪循環が始まり、膨大な福祉給付受給者層と、重い社会保障負担を背負う政府、企業、就労者が並存する状態、すなわち、労働市場の内部と外部を隔てる「新たなクリーヴィッジ(亀裂)」が出現する(Esping-Andersen, 1999; Hemerijck et al., 2000)。このような大陸型福祉国家の機能不全が明らかである以上、福祉国家の「再編(recasting)はいっそう不可避である」と指摘されていた(Ferrera and Rhodes, 2000)。

先に述べたように、オランダにおける就労不能保険の急増は、他の大陸諸国で企業の合理化手段として利用されている早期退職の増加と同様の意味を持つ。オランダでは解雇や早期退職より就労不能保険の方が給付条件が有利であるため、労使が就労不能保険を選好したに過ぎない。いずれの方法を用いるにせよ、大陸型福祉国家には、社会保険を自ら運営する労使が、手厚い社会保障制度を利用することで負担を「外部化」し、結果として非就労者の増加と労働コストの増大を招くという構造的問題がある。この悪循環を止め、「非就労の罠(inactivity trap)」を脱出することは可能だろうか。そこで次節では、「オランダモデル」として知られる雇用・福祉改革を検討し、福祉国家の改革の可能性を考えてみたい。

## 第二節　福祉国家改革の開始

### 1　ワセナール協定へ

この大陸型福祉国家特有の雇用縮小と社会保障負担の増大という隘路から、最初に脱する道を歩み始めたのはオランダであった。そのきっかけが、有名なワセナール(Wassenaar)協定である。この協定に至る展開は、以下の通りである。

石油危機後のインフレ下で、労働者の購買力の低下を補うため、各労組は賃上げを求めて活発に運動を展開した。特に一九七九年は、オランダ戦後史において特筆される、ストの多い年であった(van der Velden, 2005, 156)。しかし八〇年代に入ると、失業の増大を受けて、特に労組のリーダーレベルでは、雇用確保のためには賃金抑制などの対応をとるべきではないか、という柔軟路線が強くなっていく。

一九八二年一一月、キリスト教民主アピールと自由民主人民党からなるルベルス中道右派政権が成立した。ルベルス政権は経済の立て直しを目標に掲げ、賃金抑制による雇用確保とインフレ抑止、公務員給与と社会保障給付の削減による財政支出の縮減をめざし、労使に協力を訴える。その手段の一つとして労働コストの削減に強い意欲を示した。一一月二二日には、公務員給与・最低賃金・社会保障給付の凍結を宣言する。また政府は大幅な賃金上昇を防ぐため、労使双方に圧力をかけ、賃金の抑制を要求した。

この状況下で、政府による強権的な介入を避けつつ、雇用の確保、企業業績の回復に取り組む必要性を感じていた労使のリーダーもこれに応じた。彼らは使用者団体会長ファン・フェーン(Chris van Veen)とオランダ労働組合連盟(FNV)委員長のコックの二人を軸として、ハーグの近郊の高級住宅地、ワセナールに住むファン・フェーンの自宅などを舞台に交渉を重ねていく(Bruggeman and van der Houwen, 2005, 27-31)。そして最終的に一一月二四日、政府・使用者団体・労働組合の三者が包括的合意に達し、労働協会に委員を送る全団体のリーダーたちの署名を得て、労働時間の短縮と賃金抑制(物価上昇分に相当する賃金引き上げを求めない)を柱とする包括的な合意＝ワセナール協定を結んだのである(Visser and Hemerijck, 1997)。

この合意の最大の眼目は、賃金の抑制を労組が受容し、国際競争力の強化と企業収益の回復に協力する一方、企業側は労働時間の短縮を進め、雇用の確保に努めるというものである。

もちろん、上部団体のリーダーたちの合意に、下部団体が最初から同意していたわけではない。使用者団体のなかには、労働協会レベルでの合意がなくとも、個別の産業別労使交渉を通じて賃金の抑制を実現させることができるという「自信」を持っていた団体もあり、その場合には労働時間短縮は本来不要な譲歩である、とみなされた。また労組でも、有力労組の一つである食品労組が批判的だった(Akkermans, 1999, 100)。

しかしこれらの批判にもかかわらず、労働協会の全労使団体は、ワセナール協定を支持する方向でまとまった。ファン・フェーン会長とコック労働組合連盟委員長の二人の間に信頼関係があったこと、そしてこの二人が、いずれも長年にわたって労使それぞれの団体で活動しており、強い支持を受けていたことも大きかった(te Velde, 2007, 19)。そして政府は、賃金への直接介入による強権的抑制を行わないことを約束する。

この合意によって、以後のオランダの労使関係の安定、経済的な回復への道が開かれたと評されている。翌一九八三年以降に各産業で締結された労働協約はこの合意路線を忠実に反映し、物価スライド制を撤廃して賃金の抑制に努める一方、週労働時間を四〇時間から三八時間に短縮し、雇用の維持を優先した。実際には一九八三年前後、賃金抑制に不満を持つ下部の組合レベルでストも多発しており、労組指導部レベルの柔軟路線が全体に浸透していたわけではないが、八二年から八五年にかけて賃金は四%程度下落し、労働コストの減少を受けて企業収益は回復に向かう。そして国際競争力の強化と投資額の増加は新たな雇用拡大を誘発した。この合意以降の一〇年間に、オランダの雇用は年率平均一・八%の増加を示し(EU平均は〇・四%)、失業率は半減する。創出された雇用の四〇—五〇%は賃金抑制路線の成果であるとされている。一九九三年に新たに締結された労使中央合意でも賃金抑制は再確認される。

また政府もこの労使合意を支援するため、インフレ抑制による実質賃金の維持、そして減税による企業負担の軽減を進めていった。同時に公共セクター賃金の削減、社会保障給付の抑制により財政赤字の削減も進めていく。企業収益の回復と雇用の拡大は税収を増加させる。一九九〇年代に入ると財政赤字幅はEU諸国でも低位に下がり、ユーロ導入の参加基準を容易に満たすことに成功した。

なお、一九九〇年代のオランダにおける経済成長や失業率の低下を「オランダの奇跡」と呼び、その「奇跡」をワセナール協定以後の政労使協調がもたらしたと解釈することの妥当性については、今も賛否両論がある。しかし労働時間の短縮と賃金抑制という、労使それぞれに「痛み」をともなう合意が実現したのは、やはり政労使の三者協議が事実上制度化され、相互に妥協を促す仕組みができあがっていたことが大きい。

## 2　ルベルス政権下の改革

また三次にわたるルベルス政権(一九八二—一九九四年)のもとで、福祉国家改革も開始された。ルベルス政権は、受給者数の肥大化を抑え、過重な財政負担の解消をめざして、拡大を続けてきたさまざまな福祉制度について初めてといえる改革に着手した。

まず一九八七年には、失業保険・疾病保険・就労不能保険などの被用者保険において、従前賃金の八〇%を保障していた給付水準が七〇%に引き下げられた。また最低福祉給付額の最低賃金への連動制も廃止される。最も大きな変化を蒙ったのは失業手当である。六カ月間の失業手当が終了すると追加給付に移行するが、もはやこの追加給付は自動的に受給されることはなく、過去五年間のうち三年以上の雇用期間が必要条件とされたほか、支給期間も就労歴と年齢に応じて短縮された。

また就労不能保険の審査も厳格となった。従来曖昧な運用によって受給者を大幅に増加させてきた「労働市場配慮」が廃止される。一九九二年に成立した就労不能者数抑制法は、就労不能保険受給者の増減に応じて使用者に「罰金」を課し、企業努力による抑制を促した。また若年層への就労不能給付支給の限定、就労不能給付受給者への再診断の開始などが進められた(Aarts et al. 1996)。

さらに、一九九三年八月に施行された就労不能保険申請者抑制法では、翌年から就労不能保険の受給を始めるケースにつき、給付期間や給付率を削減する改革が成立した。

ただルベルス政権下の福祉改革は、概して給付水準や給付期間の削減、審査基準の変更などにとどまり、制度自体の根本的な見直しにはならなかった。確かに失業給付の受給者は減少した。しかしこれは、賃金抑制や経済情勢の好転による雇用機会の増加によるものであり、就労不能給付の受給者はほとんど減少しなかったのである。

最大の問題は、被用者保険の分権的運営が温存されたことだった。各産業の労使は、依然として就労不能保険を労働市場からの手軽な退出方法として利用した。再就労への道筋を作っていく発想は、この時期にはまだ乏しかったといわねばならない。就労不能保険関連の受給者は一時一〇〇万人に迫る勢いをみせ、「オランダは病んでいる」とルベルス首相が嘆くほどであった。

## 3 第一次コック政権——分権的制度の改革

ここで重要な転機となったのが、一九九四年の総選挙である。第一章で述べたように、この選挙で一九一八年以来七六年にわたって政権の中枢を占めてきたキリスト教民主主義政党が大敗・下野し、労働党のコックを首班とする連立政権(一九九四—二〇〇二年)が誕生した。この連立政権は、労働党、自由民主人民党(自由主義右派)、そして民主66(自由主義左派の小党)の三党から構成されており、労働党と自由民主人民党のそれぞれのシンボルカラーが赤と青であるところから、「紫連合」の名で呼ばれている。この政権は

「政治の優位」を掲げ、キリスト教民主主義政権下では困難だった改革を進めることを志向した。

すなわちコック政権は、「第三の道」のもとで「福祉から就労へ」を掲げて福祉改革を進めたイギリスのブレア労働党政権とも共鳴しつつ、従来のオランダで形成されてきたキリスト教民主主義の影響の強い「受動的」福祉国家の抜本的な改革に踏み出した。ヨーロッパ統合と経済のグローバル化が進展するなかで、単なる社会保障の縮小ではなく、労働力の再活性化と雇用の創出を進めて経済を活性化させることをめざし、積極的な雇用・福祉政策を掲げたのである。「雇用、雇用、さらに雇用(werk, werk en nog eens werk)」が政権のキーワードであり、キリスト教民主主義政権のもとで築き上げられてきた、雇用よりも所得保障を重視する二〇世紀オランダの福祉国家の伝統からの決別を志向した。具体的には、「給付所得より就労を(werk boven inkomen)」を合言葉に、福祉給付受給者の就労促進政策が積極的に進められた。

二期にわたるコック政権下の改革は多岐にわたるが、主に以下の三点にまとめることができる。すなわち、①大陸型福祉国家特有の分権性の克服、②福祉政策と雇用政策の連動による、福祉給付受給者の就労の促進、③就労支援政策の大規模な導入、である。以下でみてみよう。

まず、大陸型福祉国家の特徴を色濃く保持していた、就労不能保険をはじめとする被用者保険の運営制度そのものが抜本的に改革された。産業別の労使が被用者保険の運営を一手に握り、労働力の退出を進める現行制度への批判の高まりが、その背景にあった。

この制度改革の動きは、そもそも一九九二年三月、当時野党だった自由民主人民党、民主66、グリーン・レフトの三党が、社会保険の運営方法に関して調査を申し立てたことに始まる。九月には下院に調査委員会が設置され、労働党のブールメイエルを委員長として、疾病保険、就労不能保険、失業保険などの被用者保険の現状と問題点について包括的な調査を開始した。この委員会は一年に及ぶ活動期間の間に、社会保険関係者八四名を対象とした聞き取り調査、四五名を招致した公開聴聞会、実地調査など精力的な調査を行い、翌九三年九月、四〇〇ページを超える大部の報告書(『社会保険関連法の執行機関の機能に関する議会調査報告』)を完成させて下院に提出した(Tweede Kamer der Staten-Generaal, 1992-1993a)。

この報告書のなかで委員会は、オランダにおける被用者保険の歴史と現状を詳細に分析した。そのうえで、社会保険協議会(社会保険に関する最高監督機関)・産業保険組合など各レベルで、労使が自律的に運営する被用者保険制度が、保険給付の受給者数を抑制するどころか野放しにしてきたことを明らかにし、厳しく批判した。すなわち一九八〇年代以降の産業再編期において、労使は相互の対立回避も兼ねて、生産性の低い労働者について積極的に疾病保険、就労不能保険を利用して退出を進める方法を一致してとってきた。「多くの場合、労働者が疾病を事由として欠勤することは、労使両者にとって都合のよいことだった……問題が生じた場合に、その労働の現場で問題を解決することはなかったのである」とブールメイエル委員長は下院で説明する。そして報告書は、労使、政府、主要政党も事態を放置してきたとして断罪した。「議会は無力であった。それは政府や労使においても同じことであった。長年にわたって何一つ変化は起きなかった」(同報告書四一〇ページ)。

さらに報告書は、現行の制度が労働市場からの退出のみを促進し、労働参加を進める方向にまったく作用していないとして、労使の影響力の排除、福祉給付より再就労を優先する仕組みの導入など、制度全体の根本的見直しを勧告する。

一九九四年に紫連合政権が成立したさい、与党三党はこのブールメイエル委員会の勧告を大筋として受け入れる。そしてまず二度にわたり社会保険組織法の改正が行われ(一九九五年、九七年)、被用者保険の大規模な制度改革の第一弾が実現した。すなわち、この法改正によって一九ほど存在していた産業保険組合はすべて廃止され、被用者保険の運営を担う合同機関に吸収されるなど、従来の制度は根本的な変化を遂げた。この改革に対しては、野党のキリスト教民主アピールもほとんど反対することはなかった。紫連合政権のめざした利益団体の制約から自由な政策形成、すなわち「政治の優位」のもと、これらの制度改革で労使の関与は大幅に限定され、社会保険協議会や産業保険組合などを通じて受給者の認定に決定的な影響力を保持してきた各産業の労使は、その影響力を明らかに後退させた。

また第一次コック政権においては、労働市場への参加を重視し、福祉給付受給者の就労促進政策も本格的に導入された。一九九六年の改革により、公的扶助給付の受給者には求職義務が課せられた。給付期間が六カ月延長されるごとに受給者に割り当てられる職業ランクは一ランクずつ下げられ、この斡旋に応じない場合には、状況に応じて給付金のカット(五%から一〇〇%に至る段階がある)という制裁が課せられることになった。また九五年の改革は、失業給付の受給にさいして求職活動や職業訓練への参加を条件づけた。

公共部門を通じた雇用拡大も、第一次コック政権下で本格的に始動した。労働党のメルケルト社会相のもと、就労機会に乏しい長期失業者や若年労働者に雇用機会を与えるため、軽作業を中心とする公的雇用で一〇万人規模の雇用が創出された。

## 4　第二次コック政権――「給付所得より就労を」

一九九八年の選挙で紫連合与党は議席を上積みし、コック政権は二期目に入る。連合与党による政権協定に基づき、この政権下でさらに多様な雇用・福祉政策関連の改革が進められた(Verhoeven, 2002)。なかでも二〇〇二年一月に施行された雇用・所得執行組織構造法は重要である。「給付所得より就労を」をキー・コンセプトとして設計されたこの新制度の始動により、前述の被用者保険の制度改革がいっそう進展すると同時に、かつては分断されていた福祉政策と雇用政策の連動が本格化する。就労促進を掲げて進められた、紫連合の八年にわたる福祉国家改革の集大成といえるであろう。

この改革の最大の眼目の一つが、自立行政機関としての「雇用・所得センター(Centra voor werk en inkomen)」の設立である。雇用・所得センターの支所は二〇〇二年一月より全国の主要都市に設置され、その数は一三一を数えた。職業紹介機能と就労支援機能を兼ね備えてきた職業安定機構の職業紹介部門と、自治体の生活保護行政部門の一部が統合されて成立したものである。他方、職業安定機構の就労支援部門は民営化され、就労支援企業として再出発した。

雇用・所得センター設立の基本的発想にあるのは、それまで分断されていた福祉給付の申請と職業紹介を統合して扱い、再就労への道筋をつけることで、福祉給付受給者の労働市場への円滑な復帰を促進することである。雇用・所得センターは給付申請の受付と職業紹介の二つの機能を併せ持つが、そのさい担当の窓口は同一である。失業保険や生活保護などの申請者は、基本的に雇用・所得センター内の同一の窓口で申請を行うとともに、職業紹介を受けることができる。この「単一窓口(een loket)」方式により、従来のように給付申請や職業紹介のためにさまざまな機関を訪ねる必要が減少した。

では、雇用・所得センターにおいて、再就労への道筋は具体的にどのように設定されたのだろうか。

雇用・所得センターを訪れる失業保険・生活保護給付の申請者は、雇用・所得センターの求職データや職業紹介を用いても直ちに就職できる可能性がない場合には、その就労可能性に関する審査を受ける。すなわちセンターの担当者(consulent)は、対象者との間で行う簡易職業機会判定、職業能力判定インタビューの結果や、当人の職歴、学歴、志向、身体的・精神的問題などを勘案して、当人の就労可能性を測定する。なお雇用・所得センターの利用者には、給付の申請者のみならず、就職データや職業紹介を利用する主婦・新卒者などの一般の求職者も含まれる。

測定の結果、対象者はその「労働市場への距離」に応じて、四段階に区分される。第一段階(fase 1)と判定された対象者は、支障なく就労可能とされ、訓練などの補助を経ずに直ちに就労すべきものとみなされる。第二段階(fase 2)は、一定の訓練や指導を経れば、一年以内に就労可能であるということを意味する。第三段階(fase 3)の場合はより就労が困難であり、一年程度の訓練や指導を経て就労可能となる見込みである、ということを意味する。第四段階(fase 4)は当面就労不可能を意味する。

センター担当者は、この判定結果をもとに対象者に関する勧告文書を作成し、給付機関に送付する。給付機関は、生活保護申請者の場合は自治体の公的扶助部局であり、失業保険申請者の場合は被用者保険執行機構である(後述)。この給付機関が、給付の可否、対象者に対する職業訓練などの内容について最終的な決定を行う。従来、申請者はこれらの給付機関に最初に出向いて申請を直接行っていたが、改革後は雇用・所得センターで申請を行わざるをえなくなり、職業紹介や就労可能性に関する面接・判定を経てようやく給付にたどり着く、という形態に変化した。そして申請者は受給にあたり、就労への道筋を描いた「軌道プラン」に同意するむね署名し、軌道プランに示された職業訓練などの義務を履行しなければならない。福祉給付受給者と給付機関の間に一種の「契約」的発想を導入することも、この制度改革の一つの趣旨であった。

生活保護の場合には、従来と同様、給付機関は自治体の公的扶助部局である。しかし失業保険の場合、給付機関となるのは、新設の被用者保険執行機構である。

この被用者保険執行機構は、二〇〇二年一月、雇用・所得センターの設立と同時に設立され、かつての産業保険組合の業務を引き継いだ。この機関は失業保険や就労不能保険をはじめとする各種の被用者保険につき、保険料の徴収と保険給付の支給、給付資格の判定など、運営全般を一括して扱う。産業保険組合と異なり、この新機関は就労不能給付などの申請に対し厳しいチェックを行っており、却下する例も少なくない。

また、雇用・所得執行組織構造法は以上の機構再編とあわせ、就労支援事業に市場原理を導入した。給付機関は就労支援サービスを市場で調達することが義務づけられている。まず自治体は、雇用・所得センター経由で申請した生活保護受給者をはじめとする各種給付受給者を対象に、入札によって就労支援企業を選定し、就労支援事業を発注しなければならない。しかも二〇〇二年一月より、遺族年金の受給者や主婦のような社会保障給付の対象でない求職者に関しても、自治体が就労に責任を負うことが定められた。また被用者保険執行機構の場合には、雇用・所得センター経由の失業保険受給者や、就労不能保険などその他の被用者保険の受給者を対象として、やはり就労支援サービスを市場で調達する。購入される就労支援サービスは、職業訓練、職業選択テスト、面談、求職補助、面接トレーニング、就職後の指導などが含まれる。

以上の就労支援サービス利用の義務づけによって、オランダにおける就労支援市場は大きく変容した。特に入札を介したサービス購入を通じて、就労支援企業相互の競争を促進し、安価で効率的な就労支援サービスの供給を確保することがめざされた。サービスの供給は基本的に民間に委ね、公的機関が購入者となる「準市場」が形成された。

この二〇〇二年改革によって、「クライアント中心」という発想のもと、対象者の個別の状況に応じた就労支援策が重視されるようになった。担当者は「ケースマネージャー(casemanager)」として位置づけられ、個別の対象者の案件ごと、生活指導から就労支援企業への委託に至るまで幅広い選択肢のなかから適切な対応方法を決定し、実施する役割を託されている。

なお、被用者保険執行機構と雇用・所得センターは、業務の効率化を図るために、二〇〇九年に前者が後者を吸収する形で合併し、雇用・所得センターが「被用者保険執行機構・就労担当部門(UWV WERKbedrijf)」として再出発することとなった。

## 5　労使の排除と抵抗

以上の改革により、二〇世紀を通じて被用者保険の運営をはじめ福祉政策に深く関わってきた労組と使用者団体は、その影響力を大きく減少させた。改革の過程では、労使双方から反発も生じている。

特に一九九九年末、雇用・所得執行組織構造法の政府提案が具体化したさい、労使は一致して強い反対を表明した。改革により被用者保険の運営と就労促進事業が完全に労使の手を離れ、政府機関である被用者保険執行機構と雇用・所得センターに委ねられることに危機感を抱いたのである。オランダ労働組合連盟のデ・ワール委員長は、被用者保険は「われらの保険」であり、「われわれ労使の支出」に基づくにもかかわらず、政府がその役割を奪うことは「国家社会主義」にも比すべき暴挙であると激しく批判し、労使は足並みを揃えて政府との交渉さえ拒否する強硬策に出た。しかしデ・フリース社会相(労働党)ら政府側は当初案を貫き、最終的に労使は翌二〇〇〇年初め、新たに設置される雇用・所得協議会(Raad voor Werk en Inkomen)への参加を通じて一定の影響力が確保されたとして妥協し、対立は収束した。

このようにして設立された雇用・所得協議会は、雇用・福祉政策に関する諮問機関として、毎年春に雇用・社会保障分野の政策に関して「政策枠組み」と呼ばれる答申を作成し、社会相に提出するなどの政策提言を行うほか、就労支援企業に対する評価活動、雇用創出のための補助金交付も行う役目を担った。しかしこの協議会には労使のほか自治体の代表も参加し、かつてのように労使が排他的な影響力を行使することはもはや不可能だった。そして最終的に二〇一二年、緊縮財政のあおりを受けて雇用・所得協議会は廃止された。

## 6　パルケネンデ政権下の就労強化政策

しかも二〇〇二年に政権が交代し、キリスト教民主アピールが与党に返り咲いてバルケネンデ政権が成立すると、新政権はコック政権の就労促進政策を全面的に引き継ぎ、「参加」の拡大を掲げて改革を継続する。

まず公的扶助制度は、就労を優先する仕組みが強化され、大きな変化を遂げた。二〇〇四年一月、従来の一般生活保護法に代わって導入された「雇用・生活保護法」は、市民を「自立して生計を営むべき存在」とする発想に基づき、受給者の就労復帰を最優先する制度に改められた。「就労は自立をもたらし、人々が社会に参加できるよう促す」

というのが社会省の主張である。特に、受給者に課される就労義務は大幅に強化された。受給者(一八歳以上六五歳未満)は原則として全員が求職義務を課せられ、「切迫した事情」を立証できない限りこの義務を免除されることはない(同法九条)。それまで免除されてきた、五七歳以上の高年齢層や、五歳未満の幼児を抱えたひとり親についても例外ではない。

ここで導入されたのが、「一般的に受け入れられている労働(algemeen geaccepteerde arbeid)」という概念である。受給者は、斡旋された仕事が「一般的に受け入れられている」ものである限り、これを拒むことができないとされた。違法な労働、あるいは最低賃金を下回る労働などを除き、一般人が通常従事するような職業であれば、基本的にすべて「一般的に受け入れられている労働」に該当する[2]。旧制度下では、受給者は当人の学歴や就労経験に応じた職種を選択することができたが、そのような当人の事情は新法下では勘案されない。原則的には斡旋された職業を受け入れる義務が生ずることになる。

次に、高齢化が進展するなかで、高齢者の就労促進も急ピッチで進められている。その中心となる改革が、早期退職優遇税制の廃止である。もともとオランダでは一九七〇年代以降、若年労働者の失業の増加に対応するため、高齢労働者の退職を促す早期退職制度(VUT)が各産業で急速に広まりをみせた。この早期退職は就労不能給付と同様、使用者と早期退職者の双方にとってうまみのある制度であり、労使の合意のもとで積極的に利用された。

まず早期退職者は、年金支給年齢(六五歳)に達するまで従前賃金に匹敵する給付を受けることができるため、所定の年齢に達した労働者はほとんどが早期退職を選択し、はやばやと事実上の年金生活に入ることとなった。他方使用者は、この制度を用いて余剰労働力の整理を進め、リストラ効果を上げることができる。しかしこの早期退職の一般化は、高齢者の就労率を大幅に低下させたばかりか、給付を賄うための保険料負担を増大させ、現役世代の負担をいっそう重くした。

第二次バルケネンデ内閣はこの早期退職制度の改革を重視し、抜本的な制度改正に着手して、早期退職に対する税制上の優遇を原則的に廃止する改革が成立する。二〇〇六年以降、すでに早期退職に移行済みの人などを例外として、早期退職給付や保険料に対する税制上の優遇措置は五年間をかけて撤廃されることになったのである。またそれとあわせ、高齢労働者について保険料負担を軽減したり、高齢者の積極的な雇用を進める企業には補助金を配分することで、企業による高齢者雇用を促進する措置も始められている。

そして、オランダ国民の老後を支える第一の柱というべき一般老齢年金についても、支給開始年齢を段階的に引き上げて、二〇一九年には六六歳、二〇二三年には六七歳とすることが計画されている。

さらに、一時は関連給付も含めれば受給者が一〇〇万人に迫り、「病める」オランダ福祉国家の象徴であった就労不能保険は、二〇〇六年一月施行の「就労能力に応じた雇用と所得に関する法律」に統合され、新制度に生まれ変わった。ここでも改革の力点は就労復帰に置かれている。新制度では、何らかの理由で就労が部分的にせよ困難となった労働者は、①「完全に、あるいはほぼ就労不能」であり、労働市場復帰がきわめて難しいと思われる群と、②それ以外の部分的に就労が不可能となった群に分類される。①の人々に対しては従来同様所得保障が与えられる(ただし認定後五年間は毎年再審査を受け、回復の見込みがないかチェックされる)ものの、②の人々に対しては一定額の給付は保障しつつ、最終的には全面的な就労復帰を促す制度となっている。

失業保険についても、二〇〇六年に抜本的な改正が行われた。政府は失業保険を「二つの仕事を結ぶ橋」と位置づけ、就労と就労の間をつなぐ「橋」の役割を果たすものとしたうえで、給付の長期化の防止を試みた。具体的には、これまで最長で五年間保障していた給付期間を最長三年二カ月に短縮したうえで、給付開始直後の二カ月間については むしろ給付水準を引き上げ(給与の七五%相当額を給付)、それ以降は引き下げている(給与の七〇%相当額)。以上の改正により、失業者が短期間に次の職に就くことが期待できるという。

このような就労不能保険や早期退職制度などの改革、労働市場に再参入する女性の増加などを背景として、とりわけ高齢層の就労者が増加している。平均退職年齢は、二〇〇六年から一一年までの五年間で、六一歳から六三歳へと二歳もはね上がった。二〇〇六年の早期退職優遇措置の廃止が大きく影響したとみられている。五五歳から六四歳までの年齢層についてみれば、いまやほぼ半数の中高年層が働いている。特にこの年代の女性は、一九九三年の時点では一六%に過ぎなかった就業率が、二〇〇六年には三七%に増加している。

政府は、この五五歳から六四歳までの年齢層の就業率の最終的な目標を、七〇%としている。可能な限り多くの中高年層の人々が労働市場に参加して六五歳まで働くこと、そして六五歳を超えたら活動の重点をボランティア活動などの社会的活動に移していくことが、現在想定されている「理想的」パターンであるという(van Campen, 2008, 25)。早期退職を促してきた一九八〇年代までの風潮とは決定的に異なる、「生涯参加型」の社会が浮上しつつあるといえよう。

## 7 改革の政治的背景

このように一九九〇年代以降、オランダで進展した雇用・福祉をめぐる諸改革は、給付重視で家族主義的だったかつての大陸型福祉国家の形を大きく変貌させた。その変化は、しばしば周辺諸国などから「モデル」とさえみなされてきた。

もちろん、他の大陸型福祉国家が手をこまねいてきたわけではない。たとえばドイツでは、従来の枠を超える公的年金改革や、失業者の再就労を強く促す失業保険改革などが進められており、育児サービスの充実による女性の育児からの解放を進めていることとあわせ、自由主義的な「パラダイム転換」がなされたといわれている(近藤、二〇一一)。フランスでも年金改革や医療保険改革が実現し、やはり給付受給者への就労義務の導入、家族政策の充実が進められており、レジームの再編が起きているという(田中、二〇一二)。

以上のような展開を踏まえ、スイスの気鋭の政治学者であるホイゼルマンは、大陸型福祉国家が予想外の「改革能力」を示していると評価している。彼女は、ドイツ・フランス・スイスの近年の年金改革を検討し、男性稼得者モデルや保険料拠出方式など、大陸型福祉国家の典型的な特徴を持っていた三国の年金制度において、いずれも既存のあり方に大きな改革がもたらされ、ポスト工業化社会に対応した新たな制度が出現しつつある、と論じている(Häusermann, 2010)。とはいえ、大陸型福祉国家のなかでいち早く「受動的福祉国家」からの脱出の試みを開始し、男性稼得者への所得保障から雇用重視の福祉政策への転換を進めていくことができたのはオランダである。その点は何らかの説明が必要だろう。

ヘメレイク、マノウ、ファン・ケルスベルヘンの三人はその共著論文においてドイツとオランダを比較し、両国が同様に一九八〇年代に増大する社会保障給付の受給者層を抱え、大陸型福祉国家の構造的な問題に直面していたにもかかわらず、ドイツと異なってオランダが改革に積極的に乗り出したことを次のように説明する。すなわち、オランダには政労使の中央協議制が存在していたことから、中央レベルの労使の協力をもとに賃金や雇用、福祉に及ぶ複数の政策課題を処理することが可能であったのに対し、ドイツでは産業ごとの自律性がきわめて強く、国家や労使の中央団体が各産業の賃金・雇用・福祉などの問題に介入することができず、大規模な改革に踏み切ることが困難だったというのである(Hemerijck et al., 2000)。確かに戦後オランダで存在してきた政労使の中央協議の制度が、三者による問題意識の共有と解決の場を提供し、特に一九八二年以降の雇用・福祉改革で重要な役割を果たしてきたことは事実である。

しかしそれと同時に、時として福祉国家の受益者層による政治的抵抗を越え、福祉国家改革を推進した政治的イニシアティブの存在も無視することができないだろう。労組の積極的な同意を基礎に進められた賃金抑制と異なり、福祉制度の改革は、しばしば労組や福祉給付受給者の激しい抵抗を招いてきた(Vlek, 1997)。政治学者のピアソンは、大規模な受益者層を創出してきた福祉国家の縮減は大きな政治的リスクをともなうと指摘したが、受益者層の肥大化したオランダにおいて抵抗は特に強く、一九九一年の就労不能保険の改革に対する反対運動には数十万人が参加し、大規模なデモやストが相次いだ。

政党と労組、特に従来密接な関係にあった労働党とオランダ労働組合連盟の関係は、完全に冷え込んだ。しかしキリスト教民主アピールと労働党からなる第三次ルベルス政権は、政労使の中央協議を事実上バイパスしたうえで、一九九三年から九四年にかけて改革をほぼ実現する。そして系列労組や高齢者層など支持層の離反により、キリスト教民主アピールが九四年選挙で大敗して政権から滑り落ちたにもかかわらず、新たに成立した紫連合政権はむしろいっそうの改革を推進する。

このようにみると、オランダにおける福祉改革は政労使の三者合意を前提に進めたというよりは、一致して負担を「外部化」し、既存の制度から利益を得てきた労使の拘束を離れ、「政治の優位」を確保することで可能となった面も強い。大陸諸国は概して政党と組織社会が密接に結びつき、労組やその他の利益団体が政党に対して強い影響力を及ぼしてきた。そのため、福祉国家改革においても受益者層による抵抗が予想される。この点でオランダでは、「柱」の弱体化により政党と支持基盤の関係が緩み、政党の側の自律性が一九八〇年代以降高まっていたこと、ルベルスやコックのように国民的信任を得た首相が改革を主導したことなど、改革を可能とする条件が揃っていたとみることができる。

## 第三節　パートタイム社会オランダ

### 1　就労形態の多様化

前節では、ワセナール協定以後の福祉・雇用改革、とりわけ就労強化政策を扱った。しかし、そこでみたような給付条件の厳格化や就労義務の導入には、懲罰的な色彩が強いことも事実である。そもそも労働市場の外部にいる高齢者や女性についてみれば、就労強化策がこれらの人々の就労を促進する方向に作用せず、かえって就労意欲を減退させる恐れもある。

しかし、オランダの近年の雇用・福祉改革をみるさいに見逃してはならないことは、就労強化と並行して、就労形態の多様化を通じた就労促進政策が積極的に進められてきたことである。多様な就労形態が広く認められ、家庭生活や学業などの個人的事情とも両立可能となれば、多くの人にとって働くことはライフチャンスを拡大する魅力的な選択となるであろうし、各人の経済的・精神的自立を支えるものとなるであろう。特にこれまで労働市場の外部にいた高齢者や女性にとっては、各人の事情に応じて働く形態が保障されるならば、就労を促す強いインセンティブとなるだろう。

そこで本節では、オランダにおけるパートタイム労働の展開をみることで、就労形態の多様化が、人々の就労の促進に大きな意味を持ってきたこと、そしてそれがワーク・ライフ・バランスの実現にも寄与してきたことを示したい。しかもオランダの場合、この雇用の多様化が、社会的な格差の拡大を招かない形で進められたことが特徴である。多様な働き方を促しつつ、しかもそれが格差を招くことがないとすれば、その秘訣は何か。「パートタイム社会」オランダの事情をみてみよう。

## 2　雇用格差と非正規労働

周知のように近年、各国で所得格差をめぐる問題が浮上している。二〇〇八年に発行されたOECD報告書『不平等は拡大しているのか』は、この格差問題の分析に正面から取り組んだ研究である。この報告書は、国によってばらつきが大きいものの、OECD加盟国の三分の二の国において格差が拡大していることを指摘している(OECD, 2008, 27)。特に格差の拡大が顕著な国としてアメリカやニュージーランド、ドイツなどが挙げられるが、従来所得分配の平等性が高かった北欧諸国においても明らかに格差拡大の傾向がみられることは、注目に値しよう。

この格差の拡大、そしてその是正を考える場合、雇用の果たす役割がきわめて重要であることが近年、繰り返し指摘されている。従来、「格差是正」の手段として重視されてきたのは福祉制度を通じた再分配政策であるが、近年の全般的な格差の拡大の背景として、雇用の不安定化、とりわけ非正規労働者の増大が指摘されており、雇用形態自体が格差を生み出す温床となっていることが広く認識されるようになってきた。

特に日本では、非正規労働者が増加の一途をたどっている。いまや労働者の三人に一人が非正規に分類されるが、非正規労働者と正規労働者の待遇には大きな隔たりがある。低賃金で雇用保障も弱い非正規労働では生活を支えることは困難であり、ワーキング・プアの問題も顕在化している。これに対して社会保険や公的扶助などの福祉制度は、事後的に、しかも部分的に対応するのみであり、格差を防止する根本的な解決にはなりにくい。宮本太郎は、日本においては就労世帯や共稼ぎ世帯でも相対的貧困に陥るケースが多いことを指摘し、その原因として「非正規労働者の賃金条件が良くない」ことを指摘している(宮本、二〇〇九、三)。特に二〇〇八年以降、非正規労働者の解雇が相次ぎ、特に日本では職を失った派遣労働者が住居もなく路頭に放り出されるなかで、雇用の格差が労働者の生活そのものに決定的な落差を生んでいることが明らかとなった。

このような雇用と格差の問題を考えるとき、注目されるのがやはりオランダである。オランダでも近年、パートタイム労働者・派遣労働者などの非典型労働者が大幅に増加しており、特にパートタイム労働者(週あたりの労働時間が三五時間未満)は全労働者の約半数に迫り、「世界中でオランダほどパートタイム労働の多い国はない」(Merens, 2008, 22)と評されるほどである。とりわけ女性労働者の七四%がパートタイムで働いており

(二〇〇六年時点)、これはEU一五カ国の平均値(四一%)を大きく上回っている。

この非典型労働の広がりをみる限り、オランダが雇用の不安定化、労働市場の分断、所得格差の拡大といった問題に直面していてもおかしくない。

しかし、オランダでは、パートタイム労働が急速に広がっているここ一〇年余りをとっても、格差はあまり拡大せず、その点ではOECD諸国のなかでも格差の小さい国として位置づけられる(二〇〇〇年代半ばのジニ係数は〇・二七であり、OECD三〇カ国のうち低い方から八番目である)(OECD. 2008. 51)。しかもオランダの場合、福祉制度を通じた移転支出はもともと北欧諸国に比べて少なく、近年はむしろ減少している。このことから、福祉を通じた再配分を強化して格差の拡大を防いでいる、とみることもできない。

しかしそれではなぜオランダは、近年の非典型労働の急速な広がりにもかかわらず、格差の拡大を防止することに一定の成功を収めているのだろうか。

この問題を解く重要な鍵の一つは、非典型雇用の「正規化」にあると思われる。

## 3　非典型労働の「正規化」

オランダでは一九九〇年代以降、非典型労働者の保護規定が大幅に拡充された。ことパートタイム労働者と派遣労働者についてみれば、正規労働者と均等、あるいはそれに近い地位を獲得するに至っている。

まず一九九六年の「労働時間差別禁止法」は、労働時間の違いに基づく労働者間の差別を禁止した。これによりパートタイム労働者は雇用保護や賃金をはじめとする労働条件につき、基本的にはフルタイム労働者と均等、あるいはそれに準ずる待遇を保障された。その結果、フルタイム労働者が労働時間を減らしてパートタイム労働に移行しても、待遇の大幅な悪化を招くことはなく、労働者としての権利が継続的に保護されることになった。現在、オランダのパートタイム労働は法的保護の貧弱な日本のパート労働と異なり、「短時間正社員」とみる方が実態に近い。

そして二〇〇〇年七月に施行された労働時間調整法は、労働者に労働時間の短縮・延長を求める権利を認めた画期的な立法である。[3] これにより、ライフスタイルに応じた労働時間の選択が労働者の権利として認められたのである。たとえば育児や介護で忙しい時期には勤務時間を短縮し、仕事に専念可能になれば通常労働に復帰し、あるいは労働時間を増加させて収入を確保する、というパターンも可能である。そしてフルタイム・パートタイム間の差別が禁止されたことから、労働時間を短縮したがゆえに解雇やリストラといったリスクを背負い込むという問題もなく、「安心」して労働時間の増減を実現することができる。

労働時間変更の申請を労働者が提出した場合、使用者がこれを拒否するには十分な理由を示すことが必要とされる。立証責任を使用者に負わせたことにより、労働者の申請が認められる可能性は高い。たとえば労働時間を短縮する申請を拒否するには、使用者は当該労働者の労働時間の減少にともなう代替要員の確保が困難であるなど、重大な問題が発生することを明示しなければならない。現実にこの制度の運用が始まって以降、労働時間の短縮や延長の申請の大半は、使用者によって認められている(4)。

また派遣労働者についても、一九九九年のフレキシキュリティ法などの保護措置によって、正規労働者に準ずる保護が与えられている(Bekker and Wilthagen, 2008)。以上のようなさまざまな権利を保障されたオランダのパートタイム労働者や派遣労働者は、依然として「非典型労働者」であるにせよ、「非正規労働者」のカテゴリーに入れることはもはや適切ではない。

そして非典型労働者の「正規化」を進めたオランダの状況は、日本のような、正規労働者／非正規労働者間の分断と後者の大幅な増大、ワーキング・プアの出現、「派遣切り」など、非正規労働者をめぐる問題が「格差社会」と結びついて深刻化している状況とは、かなり対照的である。オランダでは、非典型労働者を含む就業者の多数に幅広く雇用の安定を保障して網をかけることで、労働者間の分断やワーキング・プアの増大を抑止し、格差の拡大を防ぐことに一定程度成功しているといえる。

非典型労働者の正規化がもたらす意義は、このような格差の防止にとどまるものではない。労働市場への参加を促すことで、労働力の確保に貢献することが期待できる。

少子化・高齢化が進行するなかで、労働力人口は減少し、労働力の確保はオランダでも焦眉の課題となっている。しかし多様な就業形態に対する保障を制度化することで、子育て中の女性・高齢者・障害者といったこれまで労働市場の周辺に置かれてきた人々が、各自の事情や能力に沿う形で積極的に労働市場に参入することが可能となった。その結果、オランダ人の就業率は上昇を続けており、特に女性の就業率は一九八五年から二〇年余りで倍増した(Steenvoorden and Keuzenkamp, 2008, 46)。非正規労働の正規化は、労働力不足に対応し、国民経済の活力を維持するうえでも有効な戦略なのである。

そこで以下では、オランダのパートタイム労働の展開を歴史的に概観したうえで、パートタイム労働を支える制度的仕組みについて明らかにしたい。

## 4　オランダのパートタイム労働――歴史的展開

オランダでパートタイム労働が一般化したのは、実は近年のことである。一九六〇年代ごろまでオランダでは、男女の性別分業意識の根強さを背景に、男性は家計支持者としてフルタイムで働き、女性は家で家事育児に専念するパターンが一般的だった。パートタイム労働はむしろ例外的な労働形態とみなされていたのである。五〇年代後半ごろから大企業において、既婚女性をパートタイム労働者として雇用する例が増え始めるが、それでも当初は抵抗感が強かった。オランダを代表する企業であるフィリップス社が出した一九六〇年の報告書によると、六歳未満の子どもを持つ女性は採用しないこと、就学児のいる女性についても採用に慎重を期すことが定められていたという(Merens, 2008, 23)。また一九五七年まで、中央政府における既婚女性の労働を禁ずる法律が存在していた。国家公務員として働く女性は、結婚と同時に退職を強いられていたのである。世論調査によると、就学児を持つ母親の就業に抵抗感を持つ人の比率は、一九六五年の時点で八四%に達していた。

一九六〇年代に入ると、社会意識の変化、企業のパートタイム労働需要の増加などを背景に、既婚女性を中心にパートタイム労働者が増加していく。特に社会意識の変容は著しく、就学児を持つ母親の就業に抵抗感を持つ人の比率は一九七〇年には四四%にまで減少し、わずか五年間で半減している。女性解放運動などの社会運動が活性化するなかで、人々の性別分業意識も大きく変化したといえる。七〇年代後半になると、政府もパートタイム労働を促進する姿勢を明らかにしていく。パートタイム労働は女性解放に資するだけでなく、石油危機後の失業率の急増という状況のもと、雇用を分かち合うことで、失業を抑制することが期待されたのである(Merens, 2008, 26)。

とはいえ、パートタイム労働の社会的・経済的な役割が本格的な注目を集めたのは、一九八〇年代のことである。それまで労組は、基本的にパートタイム労働に否定的《てい》だった。パートタイム労働の導入は、企業がフルタイム労働者をリストラするための体のいい口実とみていたからである。

転機となったのは、やはり一九八二年のワセナール協定だった。前述のようにこの協定は、基本的には雇用情勢の悪化を受けたいわゆるワークシェアリング、すなわち労働時間短縮と賃金抑制を柱とした包括合意だった。しかしそこで同時にパートタイム労働の促進によりワークシェアリングを補完する方向が示されたことで、パートタイム労働の広がりに弾みがついた。

まず政府は、政府機関や公的セクター(医療・福祉・教育など)におけるパートタイム労働者を積極的に採用するとともに、一九八七年には、被用者保険についてフルタイム労働者とパートタイム労働者の均等待遇を実現させた。これにより、パートタイム労働者もフルタイム労働者と同様、失業保険などの被用者保険について所得に応じた保険料を負担し、保険給付の権利を得ることになった。

特に労組は、パートタイム労働者を正式に「労働者」として認知し、その保護を積極的に進めていく。社民系のオランダ労働組合連盟(FNV)は、フルタイム労働を標準とみなす従来の発想を転換し、多様な就労形態を公式に認める(水島、二〇〇九)。これと並行してオランダ労働組合連盟は、組織戦略を一九八六年前後に見直し、労組内部で存在感の薄かったパートタイム労働者やサービスセクター労働者にも広く網をかける方向に転換した。その背景には、従来労組を支えてきた製造業のフルタイム労働者が減少し、パートタイム労働者が増大するなかで、パートタイム労働者、女性労働者、サービス産業の労働者など、新たなカテゴリーの労働者にアプローチしていかなければ労組自体の基盤が危うくなる、という危機感があった。

オランダは、先進国でも有数のサービスセクターが発達した国であり、パートタイム労働の大幅な拡大の舞台もサービスセクターだった。特に小売業では、一九九〇年代以降大幅に増加した雇用のほとんどがパートタイム労働者の増加によるものであり、フルタイム労働者の絶対数はあまり変化していない。小売業の女性労働者におけるパートタイムの割合は八〇％に達し、男性労働者でも五〇％を占めている(Salverda et al., 2008, 152)。サービス業のパートタイム労働者を取り込めるかどうかは、長期低落傾向にあった労組にとって死活問題だったといえよう。

そこで労組側は、労働協会における労使間の中央交渉でパートタイム問題を積極的に取り上げ、また各企業のレベルでもパートタイムに関する規定を要求する。その結果、パートタイムに関する規定を持つ企業の比率は一九九〇年の二三％から、九六年の七〇％へと大幅に増加する。このように労組がパートタイム労働者の保護と組織化を進めたことで、八〇年代中葉を底としてオランダ労働組合連盟の組合員数も増加に転じ、その後二〇年で約三割の増加をみている(van der Velden, 2005)。経済のサービス化、雇用形態の変容に、労組がある程度柔軟に対応した例といえるだろう。

一九九〇年代になると、企業側のパートタイム労働者に対する需要はいっそう高まった。それまで厳しく規制されていた商店の営業時間が一九九六年に一定の自由化をみ、夜間および日曜日における営業が増加したことも、その一因である。

このような状況のもと、一九九〇年代後半までにフルタイム・パートタイム間の差別撤廃が実現する。パートタイム労働者の産業別年金への加入が全面的に認められ、税制改革によってパートタイム労働者を抱える家計が不利にならない仕組みが導入された。その延長上に、前述の一九九六年の労働時間差別禁止法、二〇〇〇年施行の労働時間調整法がある。これによりパートタイム労働が正規化されるとともに、フルタイム・パートタイム間の相互移動を認め、ライフスタイルに応じた労働時間の選択を可能とする仕組みができあがったのである。

## 5　パートタイム保護を取り巻く制度的枠組み

オランダにおけるパートタイム労働者の待遇を考えるためには、以上のようなパートタイム労働をめぐる諸規定に加えて、オランダにおける労働者全般にかかる規制や制度的枠組みを理解することが重要である。パートタイム・フルタイム間の差別禁止が定められたことから、フルタイム労働者に適用される保護が、ほぼ自動的にパートタイム労働者に適用されるからである。

オランダでは、そもそも期間の定めのない労働者について、解雇に強い制限がかかっている。使用者が労働者を解雇しようとする場合、公的な職業紹介機関(二〇〇二年以降は雇用・所得センター)に申請を行うか、裁判所に申立てを行わなければならない。雇用・所得センターの場合は審査に一定の期間を要し、却下されるリスクもある(二〇〇五年で七％)。裁判所への申立ての場合は、裁決までの期間はやや短く、却下される可能性も低いが、まとまった額の補償金を労働者に支払うことが求められる。いずれも使用者にとっては使い勝手がいいとはいえず、安易な解雇に歯止めがかけられている。近年は解雇規制の緩和が政治課題になっているが、組合側が反対しているうえに、使用者の側にも改革に慎重な見解もあり、大きな変化は生じていない。

また、産業別に労使間で締結される労働協約の存在も、パートタイム労働者などの非典型労働者保護において、重要な意味を持っている。オランダの労組の組織率は二二％程度に過ぎないが、大企業を含むほとんどの企業が労働協約の締結に参加していること、さらに労働法制上、産業別の労使間で締結される労働協約が、社会相の出す一般的拘束力宣言を通じて当該業種に一律適用されることが可能であることから、結果的にオランダの労働者の約八〇％は労働協約の適用下にある。パートタイム労働者も、基本的にこの労働協約の適用を受けることになる。

また派遣労働者の場合は、派遣業そのものを一つの単位として産業別労働協約が締結され、一般的拘束力宣言の対象となっていることから、やはり労働協約の適用を受ける。非典型労働者が労使交渉の枠外に置かれたり、正規労働者の享受する諸権利から排除されることが起きにくい仕組みになっているのである。

なお、このような労働協約の持つ規制力の強さ、特に一般的拘束力宣言の存在については、近年批判的な議論もある。しかし、労組はもちろん、使用者の多くも従来の制度的枠組みを擁護する立場に立っている。もし産業別の労働協約が拘束力を失い、企業別に個別の労使交渉を行うようになれば、各企業内で交渉にともなう負担は大幅に増加し、企業レベルの労使紛争の発生頻度が高まるだろう、と予測する使用者は多い(Salverda et al., 2008, 75)。「企業内平和」を維持するためにも、産業別の労使交渉は必要とみなされているのである。

このようなオランダにおけるパートタイム労働者の保護は、他のヨーロッパ諸国と比べても際立っている。実際、各国のパートタイム労働者の地位について比較検討した研究は、それを裏づけている。オランダ、イギリス、ドイツ、スウェーデン、フランス、スペインの六カ国を比較した研究によると、失業保険や健康保険、年金といった社会保障に対するアクセスの有無、労働時間変更の権利の有無など、ほぼすべての点においてオランダは上位に位置している(Steenvoorden and Keuzenkamp, 2008, 56)。

確かにEUでは、労働指令において、「使用者は可能な限り」フルタイムからパートタイム、およびパートタイムからフルタイムへの転換の希望を考慮すべきである、としている。しかし労働時間の変更を労働者の権利として認めたオランダの立法は、「一歩進んだ権利を保障している」（権丈、二〇〇八、七二）といえる。パートタイム労働をめぐる議論で、オランダが参照されることが多いのには、十分な理由があるといえよう。

オランダでは、フルタイムからパートタイムへの移行はもはや「片道切符」ではなく、乗り降り自由の「往復切符」のようなものであって、フルタイムへの復帰も権利として認められる。この仕組みのもとでは、「仕事か家庭か」の二者択一を迫られる必要はない。人生のある段階ではフルタイム労働者として仕事に重点を置き、子どもが生まれたら労働時間を減らして家庭生活に重点を移し、しばらくしたら再びフルタイム労働者として仕事に取り組むといったライフサイクルが、各個人の自由な選択として可能になったのである。

## 6　多様な休暇制度

なお、オランダにおけるワーク・ライフ・バランスを考えるうえでは、充実した休暇制度の存在も忘れてはならない。

二〇〇一年一二月に施行された「労働とケアに関する法律」は、出産・育児休暇や介護休暇など労働者が携わるケアに関し、従来の支援制度を束ねるとともに、いくつかの分野でさらに踏み込んだ規定を設けた法律である。労働者が就労を継続しつつライフサイクルにおいて関わるさまざまなケアに十全な対応が可能となることをめざしている。

従来、妊産婦には妊娠休暇・出産休暇(一六週間にわたり従前賃金の一〇〇%が給付される)が保障されてきたが、この改革で、産婦のパートナーに対しても出産時休暇を認める規定が新設された。生まれた子どもを認知しているパートナーには、出産時の立ち会いを保障する短期休暇や、新生児の出生登録を行うための短期休暇に加えて、産後四週間の間に二日間の産後休暇(賃金は一〇〇%保障)の取得が認められたのである。両親のいずれもが取得できる育児休暇(一三週間)に関しても、子どもが八歳になるまでの期間のうち最大限三回まで、分割して休暇を取得することが認められた。双子や三つ子の場合には、それぞれ二倍、三倍の期間の育児休暇を取ることもできる。

子どもやパートナー、親など家族が病気になったときには、短期ケア休暇が認められている。労働者一人あたり、一年につき合計一〇日間ずつ取得することができる。休暇中は給与の七〇%が保障される。

個人的に急な事態が生じた労働者は、緊急休暇を取得することができる。具体的には、家族の事故や病気・入院や家の火事といった突発的な事態が想定されている。相当な理由に基づきこの休暇申請がなされた場合には、使用者はこれを拒否することはできず、給与も一〇〇%保障される。

「家族ケア重視」の観点から興味深いのは、養子休暇制度の創設である。オランダでは外国出身の子どもを中心に養子を迎える例が珍しくなく、近年増加傾向にある。そしてこの「労働とケアに関する法律」は、養子縁組を行った家庭を養子休暇という形で支援することになった。この制度は労働者が養子を迎えた場合、最長四週間の有給休暇を養親に保障するものであり、養親と養子が新しい家族としてスタートできるよう、お互いに慣れ親しむための時間的余裕を作ることを目的としている。

この手厚い支援のもとで実際に養子休暇は積極的に活用されており、制度が始まった直後の二〇〇二年にこの養子休暇を取得した人は約一〇〇〇名にのぼった（その六割近くが男性による取得）。なお、この養子休暇は、里親契約に基づいて里親になった場合にも適用される。

また二〇〇六年には、労働者の長期休暇取得を支援する制度も導入された。これは労働者が専用口座に非課税で積み立てた貯金を、後に（無給の）長期休暇を取得するさいに引き出して生活費に用いることができるというものである。ただ、この制度に参加した労働者の数は期待を下回っているため、柔軟で使い勝手のいい仕組みを採用する方向で改革が進んでいる。

## 7 日蘭比較からみたワーク・ライフ・バランス

以上のようなオランダの状況は、日本とは対照的である(水島、二〇一二)。確かに日本でも近年、ワーク・ライフ・バランスの重要性が主張され、「多様な働き方」を認めることが必要という主張がなされる。働く人のさまざまな事情、ライフコース、個人的な希望などに応じ、これまでの仕事一辺倒のフルタイム正社員の形に捉われない、短時間労働を含めた多様な形態の働き方を促すことで、仕事と家庭生活や個人の生活、さらには地域社会への参加などとの両立が可能となる、というわけである。実際、もし人々が自らの希望に基づき「多様な働き方」を選ぶことが可能であり、現に選んでいるのであれば、ワーク・ライフ・バランスの実現は難しいことではない。

しかし、現在の日本の状況では、「多様な働き方」を通じてワーク・ライフ・バランスを達成することは難しい。その最大の問題は、日本では正規労働者と非正規労働者の間に、きわめて大きい格差が存在することである。パートタイム労働者や派遣労働者の圧倒的多数は、フルタイム労働者の補完的な位置づけしか与えられておらず、賃金や雇用保障をはじめとするあらゆる待遇において正社員労働者より劣るばかりか、景気が悪化すれば真っ先に職を失う。そもそも日本では、労働法学者の濱口桂一郎が指摘するように、職務内容・就業場所が契約で定められていない正社員労働者と、特定の職務を一定期間提供するに過ぎないとされているパート労働者との間には、一種の「身分論的な処遇の違い」が存在する(濱口、二〇一一、二一五)。

この格差が存在する限り、正規労働者が非正規労働者への移行を「自発的」に選択することは、ほとんど期待できない。たとえば出産などのライフイベントを機に正社員が「労働と家庭生活の両立」を実現させようとし、パートタイムに移行するならば、労働条件の大幅な低下はまぬがれない。それどころか、フルタイムからパートタイムへの移行は、往々にして「片道切符」であって、フルタイムへの復帰は保障されない。

権丈英子は、日本では「パートタイム労働は、出産直後の雇用形態としてはほとんど活用されていない」ことを指摘しているが(権丈、二〇〇九、一七)、それもこのパートタイム労働における待遇の低さに起因している。しかも、正社員がパートタイム労働者に転換した場合には、「一時点だけでなく、生涯のキャリア形成において大幅に不利になる」(権丈、二〇〇八、七六)のである。不本意でも正社員にとどまるか、あるいは労働市場そのものから退出して子育てに専念する、という二者択一を迫られる人が多いのは、このような事情による。

ワーク・ライフ・バランスを実現するためには、パートタイム労働者などの非正規労働者の待遇の改善、そして可能な限りその「正規化」を進めることが前提となる。「働き方における多様な選択肢とは、多様な非正社員を意味するのではなく、多様な正社員であるべきである」(久本、二〇一〇、三二一)。これが実現して初めて、正規労働者は、必要以上の労働条件の低下に直面することなく、各人の状況に応じたさまざまな働き方を積極的に選び取ることができるであろう(5)。

非正規労働者の待遇改善や「正規化」は、非正規労働者自身の経済的な自立を促し、そのワーク・ライフ・バランス実現の可能性を広げるとともに、正規労働者にとっても、所得水準や雇用保障の点で大幅な待遇の悪化を招くことなく、多様な労働形態を選ぶ可能性が開けることによって、やはりワーク・ライフ・バランスの観点から大きな意味があるといえる。

## 8 フレキシキュリティへの対応

なお雇用の多様化に関し、パートタイム改革とともに重要な意味を持つのが、派遣労働者をめぐる改革である。オランダにおける派遣労働政策は、近年のEUにおける雇用戦略のキーワードともなっている、フレキシキュリティとも深く関連するので、ここでフレキシキュリティについても触れつつ論じてみたい。

もともとフレキシキュリティは、労働市場の柔軟化と社会的保護を軸とし、ここに積極的労働市場政策などの組み合わせを通じて雇用の促進を図る政策概念といわれており、デンマーク、オランダが典型とされる(Bekker and Wilthagen, 2008)。一方で解雇規制の緩和など、労働市場を自由化する政策を進めて雇用の流動性を高めつつ(「柔軟性(flexibility)」)、他方では失業保障や職業訓練を充実させたり、非正規労働者の待遇を改善するなどして労働者に「安定(security)」を保障しようとするこの手法は、グローバル化に対応しつつも、アメリカ型とは異なる「ヨーロッパ」型の雇用促進戦略としても注目されている。そしてオランダにおけるフレキシキュリティ改革の主眼は、前述のパートタイム労働者関連の政策も含めつつ、特に派遣労働者をめぐる制度の構築に置かれており、そして改革の実現においては、やはり労組が重要な役割を果たしている。

オランダでは、一九九九年、いわゆる「フレキシキュリティ法」が施行された。この法律は、労働市場を柔軟化させるいくつかの改革、すなわち雇用契約終了告知期間の短縮、解雇手続きの簡素化、派遣業規制の緩和などとあわせて、非正規労働者保障を強化する改革、具体的には派遣労働者・オンコール労働者の地位強化(派遣労働者と派遣業者の契約を通常の雇用契約とみなすことや、オンコール労働者の最低支払対象時間の設定など)、労組業務に従事する労働者の解雇制限などを定めたものである。

一九九〇年代半ば以降、派遣労働者をはじめとするフレックス労働者関連の改革をめぐって政府や労使はさまざまな形で提案や交渉を行い、それが結実したのがこのフレキシキュリティ法だった。労働協会における労使の合意(一九九七年)を踏まえて成立した。労組は、労働市場の過度の規制緩和には抵抗しつつ、特に派遣・オンコール労働者の地位向上を実現させることで、派遣労働者の増加を促す労働市場の柔軟化に同意したのである。

なおこのフレキシキュリティは、オランダやデンマークにおける実践を経て、いまやEUレベルの雇用政策の中心的なコンセプトに昇格した。そもそもフレキシキュリティ研究の第一人者であるヴィルトハーヘンはオランダ人であり、しかも自らEUの専門家委員会の座長としてフレキシキュリティの導入に向けた報告を二〇〇七年六月に取りまとめる。これを受けて、二〇〇七年一二月には閣僚理事会において、八原則を柱とする「フレキシキュリティ共通原則」が決定されたのである(Rogowski, 2008)。ただしフレキシキュリティの具体的な内容は各国ごとに異なっており、派遣労働者(およびパートタイム労働者)の扱いを軸とするオランダ方式が「モデル」とされているとまではいえない。しかし単に規制緩和を是認するのではなく、非正規労働者の地位向上をあわせて追求し、労働市場への参加の拡大を図るオランダの手法は、グローバル化に対応した雇用戦略としてみるべきものがあるといえるだろう。

## 第四節　ポスト近代社会の到来とオランダモデル

### 1　ポスト保守主義型福祉国家へ?

以上みてきたオランダの近年の雇用・福祉改革は、就労促進を目的とした福祉給付の導入、公的財源に基づく就労支援の充実などをはじめとして、社民型の北欧型福祉国家に接近する面を持っていることは確かである。大陸型福祉国家の弱点であった、所得保障の偏重と就労復帰策の欠如などの構造的問題に全面的にメスが入り、また一九八〇年代以降制度的なジェンダーバイアスが撤廃されていったことなどをみれば、オランダの福祉国家は制度上は北欧のそれと似た外見を持つに至っている。

とはいえこのことは、オランダが北欧型福祉国家に収斂していくことを意味するものではない。これは特に、「労働と家庭生活」の関係をめぐるモデルの相違から明らかである。周知のように北欧では、夫婦がともにフルタイムで就労し、育児については充実した公的保育サービスを利用する「二名稼得者モデル」が有力である。

確かにオランダでも、女性の就労率は大幅に向上した。しかし、この女性就業率の増加の圧倒的部分は、パートタイム労働者の増加による。この間、たとえばイギリスでは女性労働者に占めるパートタイム比率がほとんど変わらず、スウェーデンでは低下しているることを考えると、オランダにおける女性のパートタイム労働者の増加は際立っている。

いまやオランダにおいて、子どものいる女性がパートタイムで就労することはきわめて一般的である。〇―四歳の子どものいるオランダの女性の七二%が就労しているが、この数値はイギリス(六〇%)、ドイツ(四四%)などと比べてもかなり高い。パートタイム労働という「敷居の低い」就業形態をとることで、子どものいる女性の就労がより容易になっている、ともいえる。

ところで、このような「家庭生活重視」の改革は、ある意味で大陸ヨーロッパ諸国に根強く残る「家族重視」という発想が、現代の改革の方向に影響を与えた結果であるとみることもできる。男性優位の家族モデルは過去のものとなったとはいえ、今なおオランダを含む大陸諸国では、労働よりも家庭を重視するキリスト教的福祉観が残り、基本的には子どもは家庭で育てるもの、という感覚が強い。近年改善がみられるとはいえ、公的な支援による保育サービスは北欧諸国に比べて低い水準にとどまっており、母親による家庭内育児が中心である状況に変わりはない。

このことを踏まえると、近年の労働時間の自由な選択を認める改革は、公的な育児支援が不足している状況で、労働者の自己責任のもとで子育てを行うことを奨励している、とみる解釈も可能である。特に女性労働者が子育てと就労の両立を図るためには、「自分の選択」として労働時間を短縮し、子育てに時間を割くことが必要となるわけである。大陸ヨーロッパ諸国の持つ一種の「保守性」が、現在の改革の背景にあることは否定できない。その意味では、保守主義の色を引きずった「ポスト保守主義型福祉国家」が出現しつつある、といえるかもしれない。

## 2　「女性のフルタイム就労」への厳しい視線

パートタイム労働とフルタイム労働の間の格差は、そのまま男女間の格差に直結する。上位の職種になればなるほど、パートタイム労働者よりフルタイム労働者の占める比率は高いため、パートタイム労働者にとどまる限り、キャリアアップの道が狭まっていくことが予想される（とはいえ、オランダは他のヨーロッパ諸国と比較すれば、相対的にパートタイム労働者が上位の職種に到達する率が高い）(Steenvoorden and Keuzenkamp, 2008, 57)。

しかし女性のフルタイム就労に対しては、依然としてオランダ社会は全般に否定的である。そもそも子どもの有無にかかわりなく、女性のフルタイム就労を否定的に考える人は男女を問わず予想外に多い。二〇〇六年時点の調査で、「女性がフルタイムで働くと家族生活が損なわれる」と考える女性の割合は約四割にのぼっており、しかもこの数値は二〇年近く前の調査とほとんど変わっていない(Portegijs, 2008, 33)。

子どもを持つ女性の就労については、フルタイムでなく、パートタイム勤務を選ぶことが当然視されている。(6) たとえば四歳未満の未就園児を持つ女性について、「フルタイム勤務はかまわない」とする人は全体の二割に過ぎず、就学児のいる女性についても三割程度にとどまる。子どもの年齢いかんにかかわらず、母親のフルタイム就労は望ましくない、という意識がオランダでは今も幅広く共有されている(Portegijs, 2008, 40)。政府系団体の啓発パンフレットの表現を用いれば、「社会は、働く母親を厳しく断罪している」のである。

なお近年拡充しつつあるとはいえ、保育サービスの供給が遅れていたことも、オランダにおける育児観の重要な背景として指摘できよう。一九九〇年代以降、さまざまな制度改正や法整備を通じ、保育施設の拡充、財政支援による保育料の負担軽減、学童保育の整備などが進められてきたが、特に北欧諸国などと比較すれば、保育をめぐる支援は十分とはいえない。家庭中心の育児観が保育サービスの遅れを生み、保育サービスの不足が「子育ては家庭で(現実には「女性により」)」との認識を補強している、ともいえる(松浦、二〇〇九)。オランダでは、祖父母や近隣の人々によるインフォーマルな援助を利用する傾向も強いが、これも保育サービスの不足、そして保育所に子どもを長時間預けることへの抵抗感が背後にある(廣瀬、二〇〇八)。

他方男性についてみれば、今もなおフルタイム就労が当然の前提となっている。特に製造業や建設業など、「男性セクター」と称される工業部門では、パートタイム労働は例外的である。オランダの男性の大多数は、明確にフルタイム勤務(週あたり労働時間が三五時間以上)を志向している。

男性と対照的に、オランダの女性全体でみると、自らの勤務形態としてフルタイムを望ましいとする女性は二一％に過ぎない。自らが望ましいと考える労働時間は、平均すると週二〇・三時間であり、現実のオランダ女性の平均労働時間である一八時間と比べると大差ない。オランダはパートタイム労働が(女性によって)広く「志向」され、またその志向が現実に「実現」されている国である、といえるだろう(Steenvoorden and Keuzenkamp, 2008, 45)。

## 3　オランダのパートタイム論争

この現実を前にして、最近ではパートタイム労働に従事して「安穏としている」女性たちのあり方を批判する主張も出てきている。

アメリカ在住のオランダ人コラムニストのH・メースは二〇〇七年に出版した著書『パートタイムフェミニズムよさらば！』のなかで、「男性＝フルタイム勤務、女性＝パートタイム勤務」というあり方を、伝統的な男女の役割分担が姿を変えて現れたものに過ぎないと論じ、話題を呼んだ。オランダの女性たちは「自らの選択」としてパートタイムを選んでいるとはいえ、女性が経済的に男性に従属している点は同じであり、実際には男女間の不平等をむしろ固定化している。しかし彼女たちは自らの置かれている劣位の立場に気づかず、現在の状態に満足しきっている。パートタイム労働で満足している「パートタイムフェミニスト」たちは、それによって他の女性たち、将来世代の女性たちの地位を貶めているのだ、と彼女は手厳しく批判した(Mees, 2007)。

同様にジャーナリストのドライエルは、『甘やかされたお姫様たち』で、女性の経済的な自立を重視する立場から、専業主婦の道を選択したり、パートタイム労働を選んで子育てとの「両立」を図るオランダの女性を批判する(Drayer, 2010)。彼女は特に、オランダにおいて「母親」の役割が今もなお神聖化され、母親たちが人生のほかの可能性を捨て、子育てにすべてをささげていることに問題があるという。彼女は労働を一種の「社会的義務」であると捉え、高学歴であるにもかかわらず、専業主婦を選択した女性に対しては、公費で賄われた学費を返還すべきと主張する(Drayer, 2010, 61)。そのような義務も責任も自覚しないまま、子育てや趣味に時間を費やす女性たちは、「甘やかされたお姫様たち」にほかならないという。

ここで争点となっているのは、女性たちにおける「選択」をどうみるかという問題である。メースらの主張に反駁し、『ガラスの天井という神話』を著したマリーケ・ステリンハは次のように述べる。すなわち、女性たちがパートタイム労働を選択し、その結果出世の道を歩む女性の数が少ないとしても、それは彼女たちが主体的に選択したことであって、批判するにはあたらない。出世を阻む「ガラスの天井」など存在しない。「オランダの女性たちは、完全に自発的にパートタイム労働を選択している」のである(Stellinga, 2009, 73)。そもそもオランダでは男性も女性も、キャリアより自由時間を持つことを優先する。そのため、子どもと関わる時間を削ってまで出世することは望まない。その「選択」の結果が現状であるに過ぎない、という。

労働時間の「自由な選択」を広げても、雇用をめぐる男女間の格差を解消する方向に向かうとは限らない。労働形態や労働時間をめぐる「多様性」を保障することが、実は現実の不平等を固定化することと紙一重であるということは、オランダの改革をみるうえで忘れてはならない視点であろう。

## 4　脱工業社会における競争戦略

このようにオランダでは一九九〇年代以降、時短と賃金抑制からなる雇用確保＝ワークシェアリングの枠を超える雇用・福祉改革が進展した。オランダの改革は、ジェンダー間の格差をはじめとする限界はあるものの、社会保障財政の悪化などを契機とする福祉国家の再編が、単なる福祉削減と弱者の切り捨てだけに終わりはしなかった。むしろ、「新しい社会的リスク」に積極的に対応しつつ、就労の多様性を保障し、就労自体を魅力的なものにして労働市場への参入を拡大することで、多様な人々の参加を得ながら福祉国家を持続可能なものにしようとする試みである。

ところで、このオランダ型の改革について、その休暇制度の充実や労働時間に関する労働者側の裁量の広さといった「労働者本位」の点を捉え、経営側には制約が強すぎるのではないか、むしろ経済的には「非効率」ではないか、といった批判的な見方がある。確かに、就労の多様性を保障し、労働者の志向に応える雇用改革を進めたとしても、それが経営の自由度を一方的に狭め、ひいてはオランダ経済の活力をそぐのであれば、オランダのめざす雇用・福祉モデルは机上の空論に終わるであろう。

ここで参考になるのが、オランダを含む各国の労働時間や労働生産性に関する比較検討である(中村、二〇一〇)。中村達也は、二〇〇七年におけるOECD主要国の労働時間や、労働時間あたりの生産性などを比較したうえで、就業者一人あたりの労働時間が短いほど労働生産性が高いこと、特に年間一三九二時間と平均労働時間が短いオランダにおいて、労働生産性(就業者の一労働時間あたりのGDP生産額)が五三・四ドルと最も高いことを指摘している。日本は前者が一七八五時間、後者が三七・二ドルであったことと比べれば、その差は一目瞭然であろう。労働時間を短縮し、しかも多様な就業形態を可能としてワーク・ライフ・バランスを保障することは、労働者のライフチャンスを拡大し、生活の満足度を高めるばかりか、労働生産性の向上とも両立するのであって、経済的な効率性をむしろ高める効果をもたらすのである。

また、これに加えて重要なのは、労働者のライフスタイルや生活設計を積極的に反映できる雇用形態の実現が、能力の高い良質の労働力を確保するうえでも有効と考えられることである。

情報化・サービス化の著しい現代においては、人材を育て、その能力を維持していく「人的投資戦略」が死活的重要性を持っており、このことは第三次産業の従事者比率が高いオランダには特にあてはまる。また近年、アートやデザイン・ファッション、メディアやコンテンツ・ソフト生産といった多様な文化的・先端的活動に関わる産業を総称して「創造産業」と呼び、脱工業経済における経済発展の牽引力として期待する見方が強まっているが、このような創造産業に携わる人々は、国境を越えて自由に移動する一方で、独自の生活パターンやライフスタイルを志向する傾向が強い。

これらの「創造的人材」をひきつけるためには、一律の固定的な就労形態ではなく、労働時間や労働日数について、働く人が自らの志向するライフスタイルにあわせて働き方を選択できる就労形態が望ましい。働き方の柔軟性と保障を兼ね備えるオランダの近年の政策展開は、このような創造産業を支える人材を集め、定着させていくうえで、重要な役割を担っているともいえる。

こうみると、オランダにおける福祉・雇用改革は、高齢者や女性、福祉給付受給者をはじめとする多様な人々に就労を促し、労働市場へと包摂しようとする試みであるばかりか、生産性を向上させ、特に先端的な産業部門を担う創造的人材をひきつけ、国際競争に打ち勝とうとする役割をも担うことで、脱工業社会における競争戦略として、積極的に位置づけられているといえるだろう。

ただ、このような就労形態の多様化・柔軟化の恩恵を蒙るのは、実際には労働市場に「すでに」参入している人々に限定される。労働市場へのアクセスがそもそも困難な移民などのマイノリティにとっては、就労を前提とする長期休暇制度や「労働とケアの両立」といった改革は絵空事に過ぎないのではないか、という批判は可能である。この点については、第四章で考えてみたい。

(1) とはいえ、オランダモデル論に対する批判も少なくない。オランダモデルの社会政策的効果を疑問視する見解、オランダモデルを実体のともなわないレトリックに過ぎないと論じる批判などがある(Cox, 2001)。

(2) オランダで合法的な職業であっても「一般的に受け入れられている」職業に該当しない職業としては、たとえば売春が含まれると考えられる。

(3) 代替要員確保の難しい、被用者が一〇人以下の小企業は除外されている。

(4) ただ使用者が労働時間の変更を認めなかったため、訴訟になったケースもある。なかでも労働者が専門職として勤務していたり、あるいは管理的地位にあった場合などについては、当該人物の労働時間の短縮が企業活動に著しい悪影響を及ぼすとする使用者側の主張を裁判所が認める判例が複数ある。

(5) 他方で、濱口桂一郎が指摘するように、長期雇用制度や年功賃金・年功序列制度などによって特徴づけられている日本の正社員の雇用システムを前提とする限り、正規労働者と非正規労働者の間には大きな断絶が存在せざるをえず、均等待遇の原則を純粋に適用することには多大な困難がともなう。しかしながら、やはり濱口が指摘するように、非正規労働者にも一定の年功的な処遇制度を用意したり、企業内職業訓練への参加を促進することをはじめとして、非正規労働者の待遇改善を図る手段は現実に少なくない。そして中長期的には、正社員の生活給に組み込まれていた住宅・教育をめぐる費用を、公的に負担する仕組みを作ることも必要であろう(濱口、二〇〇九)。

(6)　オランダにおいても、現実には仕事を持つ母親はさまざまな困難に直面することが多い。文化人類学者の中谷文美は、キャリアを通じた自己実現と子育てのはざまで葛藤を抱えつつ、パートタイム勤務を選択していくオランダの女性たちの姿を描き出している(Nakatani, 2010)。他方、男性の多くは、実際には将来の昇進に響くなどの配慮からパートタイムを避ける傾向にある(中谷、二〇〇八)。

# 第三章　オランダモデルの影——「不寛容なリベラル」というパラドクス

## 第一節　移民問題とフォルタイン

### 1　ポピュリズムの台頭

第二章で論じたように、一九九〇年代以降のオランダは、一種の社会経済的な「モデル」を体現した国として、国際的な注目を集めてきた。しかもそのオランダは、かつては別の分野においてもやはり「モデル国家」として広く知られていた。すなわち、移民や難民を積極的に受け入れ、マイノリティに開かれた多文化主義の国、「寛容」な国としてのオランダモデルである。

実際、オランダにおける移民の存在感は大きい。相対的に緩やかな移民・難民政策の結果、オランダの全住民に占める外国系市民の比率は二一世紀初頭には約一八%に達し、大都市を中心にその比率は増加の一途をたどっている。また移民の子弟に二言語教育が提供され、イスラム系の学校にキリスト教系の学校と同等の公的補助が保障されるなど、多文化主義政策も徹底していた。しかも排外主義的な政治社会勢力は二一世紀に入るまで弱小であり、「極右」とされる中央民主党は得票率が最高で二・五%に過ぎなかった。ドイツやベルギー、フランスなどの周辺諸国と比較しても、この反移民勢力の弱さは顕著だったのである。

しかしそのオランダで二〇〇二年以降に生じた政治的展開は、内外に大きな驚きを呼び起こした。まず同年二月にコラムニストのピム・フォルタインが新党フォルタイン党(正式名称はピム・フォルタイン・リスト Lijst Pim Fortuyn)を立ち上げると、オランダで「タブー」とされてきた移民問題を正面から取り上げたこの党は、またたくまに党勢を拡大する。しかし総選挙直前の五月六日、フォルタイン自身はオランダ人の動物愛護運動家によって射殺される。オランダでは一七世紀以来といわれる政治的殺人事件によって全土に衝撃が走るなか、主を失ったフォルタイン党は五月一五日の総選挙で一五〇議席中二六議席、一七％の得票率で第二党に躍進し、連立与党入りを果たした。新政権は治安強化、移民・難民政策の厳格化を打ち出し、以後の政権もその路線を継続している。とりわけ「移民統合」という名の、実質的には同化主義的政策が展開されている。二〇一〇年には、急進的なイスラム批判で知られる自由党が選挙で躍進し、閣外協力ながら政権を支える柱となったことで、移民排除の姿勢がいっそう強化された。

「開かれた」国であるはずのオランダは、その扉を閉ざしてしまったのであろうか。

そこで本章では、オランダにおける、排外主義的な新右翼ポピュリズムの出現と拡大、イスラムをめぐる政治的展開、そして移民政策の転換を跡づけることで、オランダモデルの「影」、すなわち「排除」の面について論じてみたい。

## 2 オランダにおける移民

第一章で述べたように、オランダは歴史的に、多くの移民やマイノリティをひきつけてきた国であった。オランダ共和国時代には南部ネーデルラントやフランスから多数のカルヴァン派移民が流入してきたのをはじめ、イベリア半島から亡命したユダヤ人移民、ドイツや北欧など周辺地域からの労働移民、といった多彩な移民がアムステルダムなどの都市部を中心に居住し、共和国の経済と社会を支えていた。

他方、非ヨーロッパ系の移民が続々と到来するようになったのは、一九五〇年代以降の経済成長期のことである。この時期のオランダでは事実上の完全雇用が達成されており(水島、二〇〇一a)、労働力不足による賃金の上昇を背景に、まずは南欧諸国、次いでトルコやモロッコなどの地中海諸国から多数の労働者が移入された。石油危機以降は正規の労働力移民は基本的に中止されたものの、家族招致や結婚を通じて移民は続く。ドイツやベルギーなどの周辺諸国と比較すると、オランダでは家族招致移民に対する制限が緩かったこともあり、八〇年代以降も多数の移民の流入が続いていたことが特徴的である(Muus, 2003, 22–27)。

オランダでは、移民一世、および両親のいずれかが外国生まれである移民二世を合わせて「外国系市民(allochtonen)」として分類し、統計を作成している(オランダ領アンティル諸島出身者も含む)。フォルタイン党の躍進した二〇〇二年時点でみると、オランダの人口一六一一万人のうち、外国系市民は二九七万人に達し、なかでも非西洋諸国出身の「非西洋系市民」は一五六万人を占めていた。特に多いのはいわゆる四大グループのトルコ系(三三万人)、モロッコ系(二八万人)、スリナム系(三二万人)、オランダ領アンティル系(一六万人)である(CBS, 2003, 116)。しかも出生率の高さもあり、外国系市民の総数は二〇〇二年までの五年間だけで四〇万人以上増加している[1]。

また一九八〇年代からは、難民としての認定を求め、外国人が入国する例も目立つようになった。九〇年代には毎年平均約三万二〇〇〇件の庇護申請が出されており、九〇年代の末には年間四万件を超える年が続いた(図1を参照)。なお九〇年代のフランスにおける申請数は平均約三万件だったが、フランスの人口規模がオランダの約四倍であることを考えれば、オランダにおける申請数の多さがわかるだろう。

この移民・難民の増加の背景にあったのが、オランダにおける「寛容」な移民政策である。外国人は通常オランダ滞在五年、家族招致などによる入国の場合は三年で永住許可を取得できる。また五年以上滞在している外国人には市町村の選挙権・被選挙権が与えられる。オランダ国籍の取得も比較的容易であり、一九九三年から九七年にかけては二重国籍も広く認められたことから、多数の外国人が国籍を取得している。難民についても七〇年代以降広く解釈して受け入れる運用方法が続いており、庇護申請を行った者

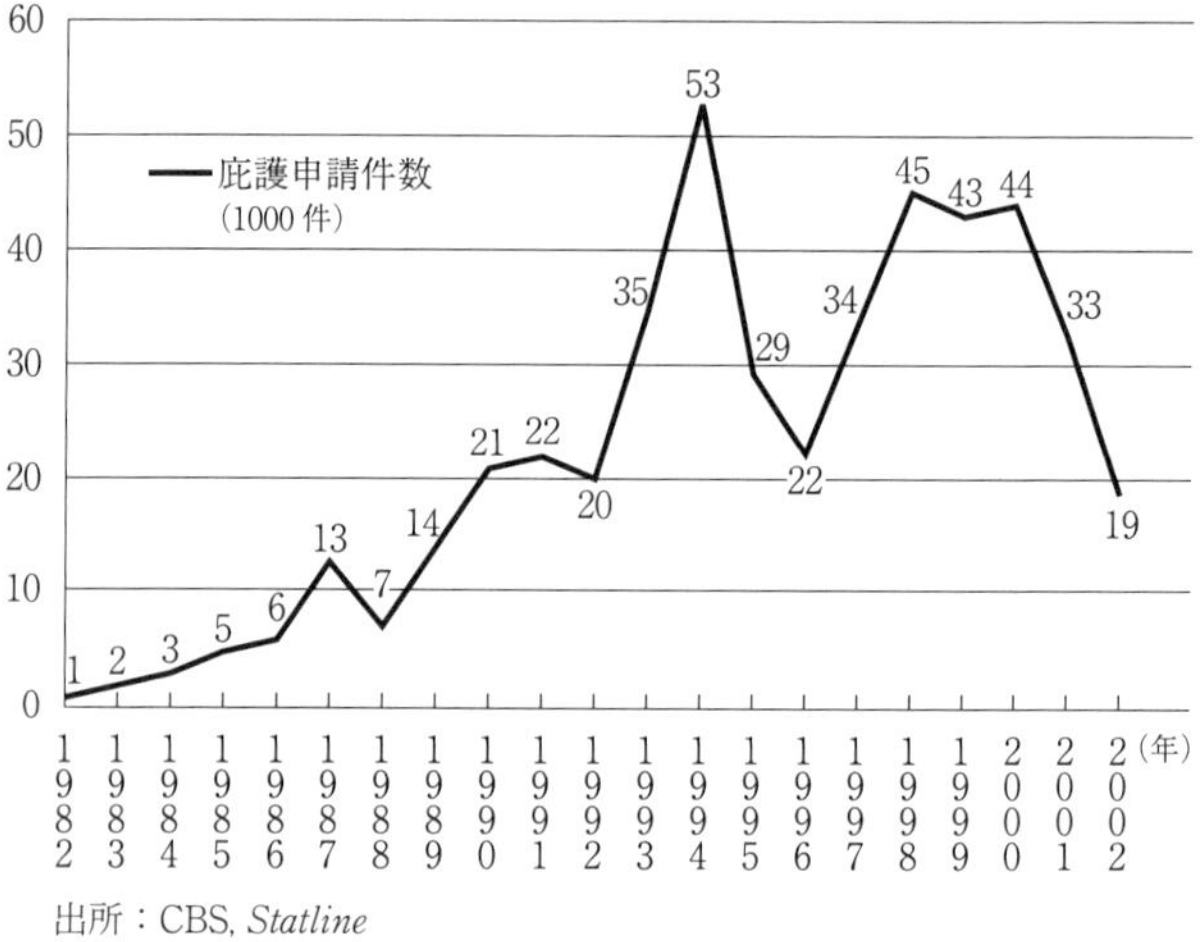


**図1**　オランダにおける庇護申請件数

の半数以上は、最終的に何らかの在留許可が与えられていた。

また一九八〇年代には「多文化主義」が政策として推進され、各移民団体は公的に認知されて政策提言に参加した(Ireland, 2004, 121)。教育面では、公的補助によりイスラムやヒンドゥー系の小中学校も次々建設された。移民の多い学校には追加予算が配分され、児童はオランダ語と並んで母語による教育を学校で受けることができた。このような多文化主義政策の背景には、移民の文化的アイデンティティの保持が自己イメージを高め、社会的統合を促進するという考え方がある(ペニンクス、二〇〇二、一一二―一一六)。

高度の発達を遂げたオランダの福祉

制度も、移民に門戸を広く開放していた。石油危機以降の経済停滞のなかで、移民が定職を得ることは概して困難であったが、主として移民を対象とした低家賃公共住宅が大規模に建設されており、多くの移民は都市部で安価な住宅に居住することが可能だった。また、公的扶助をはじめとするサービスも、比較的アクセスが容易だった。実際二〇〇一年の時点で非西洋系住民に占める生活保護受給者の比率は一四％、特に非西欧系高齢者における受給者比率は二七％に達しており、その結果、大都市では生活保護受給者の約半数を非西洋系住民が占めるに至っている(CBS, 2003, 109; Smeets et al., 2004, 36)。

そもそもトルコ人やモロッコ人の移民の場合、近年は「就労」目的の移住は少なく、八、九割が家族招致や結婚であることから(CBS, 2003, 120)、オランダ入国後に職に就くことは容易ではない。また難民認定を拒否されてもオランダに滞在を続け、不法滞在の状況にある人々であっても、医療・教育・住宅などさまざまな形で福祉の手が差し伸べられていた(Engbersen et al., 1999)。たとえば一九九八年までは、違法滞在の外国人であっても生活保護など社会保障給付を受ける道が開かれていた。

しかしながら、これらの政策が現実に外国系市民の統合に成功しているとする見方は少ない。外国系市民のほとんどは都市部に居住し、しかも特定の地区に集中することが多いが、これらの地区は往々にして貧困・犯罪といった問題を抱えており、「後進地区」とも呼ばれていた。特に四大都市には外国系市民が多く、二〇〇〇年時点で非西洋系市民の比率はアムステルダムで三一%、ロッテルダムで三〇%、ハーグ二八%、ユトレヒト二〇%に達していたが、いずれもこの「後進地区」問題を抱えていた。居住地域の偏りの結果、同一のエスニック集団内に限定された人間関係のなかで暮らす人々が増加している(下平、二〇〇七、六七)。特に四大都市の小中学校の多くは「白人優位」の学校と「非西洋系優位」の学校に分かれ、両者の分断が生じている。

学校のみならず、結婚にさいしてもこの「分断」は続いている。トルコ系やモロッコ系における同一エスニック集団内の婚姻率は八割を超え、白人オランダ人と結婚する者は一部にとどまる。しかもこの数値は、移民第二世代になってもほとんど変化せず、世代を経ても宗教・民族を超えた「統合」が容易ではないことをうかがわせる。

また外国系市民には中途退学者が多く、トルコ系やモロッコ系の大学進学率はオランダ平均の三分の一にも満たない(CBS, 2003, 133)。他方、失業率はオランダ平均が三%程度のところ、トルコ系やモロッコ系はその三倍の約一〇%に達していた(CBS, 2003, 138)。ただ、第一世代と第二世代を比較すると、教育や労働など社会経済的な地位を示す指標の多くにおいて、第二世代の方が明らかに改善していることは留意すべきであろう。

以上のような状況に対し、二〇〇〇年ごろまでのオランダでは、移民による「福祉の濫用」を批判し、外国系住民の貧困や犯罪、都市部における分離状況を問題視する議論は一部にあったものの(Lakeman, 1999)、公的には移民やマイノリティを批判する議論は

「タブー」視される傾向が強かった。「寛容」を国の伝統としてきたという建前、そして第二次世界大戦中のナチス・ドイツによる支配の経験が、人種差別を予想させる言説の受容を著しく困難としてきた。人種主義の立場に立つ極右政党は忌避され、支持はほとんど広がることはなかった。ただ二〇〇〇年に著名な都市社会学者で労働党員のパウル・スヘフェル(Paul Scheffer)が「多文化社会の悲劇(“Het multiculturele drama”)」という論文をオランダの有力紙に掲載し、労働党の公式の見解に反する形で、従来のオランダの多文化主義的な移民政策を失敗と位置づけて明示的に批判し、議論を呼んだことは(久保、二〇一〇)、後からみれば風向きの変化を示すものではあった。[2]

### 3　フォルタイン党躍進の文脈

次に、二〇〇二年にフォルタイン党が躍進した政治的文脈をみてみよう。

二〇〇二年選挙まで政権を担当していたのは、すでに述べたように、一九九四年に成立したコック首相率いる紫連合政権である。二期八年の間、紫連合政権は、既得権益との結びつきの強いキリスト教民主主義政党下では困難だった改革を積極的に進めていく。さまざまな規制緩和・民営化、福祉給付依存者の就労を促進する福祉国家改革、健全財政の実現といった経済面の改革にとどまらず、安楽死・売春の合法化、同性婚の制度化など、周辺諸国に先んじる大胆な改革が進められてきた。

しかも夜間・休日営業の規制緩和などによる消費の拡大、安定的な労使関係、減税などの好条件に恵まれ、一九九〇年代後半にオランダ経済が良好なパフォーマンスを示すようになると、オランダに対する注目が国際的に広がった。他のＥＵ諸国の多くがユーロ導入基準を満たすために緊縮政策を強行し、不況と失業をいっそう悪化させるなか、オランダでは物価安定と失業率の大幅な低下を二つながら達成させ、政労使の協調に基づく「オランダモデル」と称賛されたのである。

このようにみると、改革を進め、かつて「オランダ病」と揶揄されたオランダ経済を「モデル」の地位にまで高めた紫連合政権が選挙で大敗し、新右翼が躍進したことは一見意外の感を免れない。フランスでは国民戦線は「一〇〇万人の失業者、一〇〇万人の多すぎる移民」というスローガンを掲げて深刻な失業問題を外国人とリンクさせ、支持を大きく広げていったが(畑山、一九九七)、オランダでこの手法は有効ではない。

それではフォルタイン党が支持を拡大できた理由は何か。以下三点ほど挙げておきたい。

第一は、紫連合政権下で、既成政党への信認の大幅な低下が生じていたことである。紫連合という新たな政党連合の成立は、皮肉にも既成の政党そのものへの不信を募らせる結果となった。

キッチェルトはその有名な著作『西ヨーロッパにおける急進右翼』のなかで、先進工業国において急進右翼(新右翼)が台頭する条件をいくつか挙げているが、そこで第一の前提となるのは、左右主要政党の政策距離の接近である。脱工業化社会の到来にともない、政治的対立軸として従来型の左右軸が有効性を減少させ、むしろリバタリアン―権威主義という新たな軸が意味を持つようになると、既成政党、とりわけ社民政党は従来の位置を離れて中道に近づくことが多い。その結果、従来の右派政党と左派政党は相互に接近し、有権者にとっての政治的選択肢として有効性を失っていく。そこに新右翼政党のアピールが受け入れられる余地が発生するというのである(Kitschelt, 1995)。

フォルタイン党の躍進を考えるとき、オランダにおけるこの左右の既成政党間の距離の縮小は重要な意味を持っている。特に労働党と自由民主人民党が連立を組んだ「紫連合」の成立は決定的である。

第一章で示したように、オランダの戦後の政党システムは、基本的に中道にキリスト教民主主義政党、左に労働党、右に自由民主人民党という三大ブロックから構成され、中央ブロックが「かなめ」の位置を占めていたところから、一九九四年までほぼすべての政権は中道左派、あるいは中道右派のいずれかから構成されていた。選挙のさいに有権者は「中道左派」「中道右派」のいずれかを事実上の選択肢として投票政党を選択していたといえる。この背景には、市場重視の自由民主人民党と、福祉国家の擁護者を自任する労働党の間の政策距離がきわめて大きく、連合を相互に排除していたこともあった。特に労働党は一九六〇年代半ばから八〇年代末まで「分極化戦略」を掲げ、主要産業の国有化や経済計画の導入など急進的な社会主義路線を追求し、自由民主人民党はもちろん中道のキリスト教民主アピールともかなりの隔たりがあった(水島、二〇〇一b)。

しかし、一九八〇年代末に始まる労働党の党内改革の結果、九〇年代初頭には労働党は経済計画や福祉国家の拡大路線を捨て、市場経済とグローバル化を積極的に受容する方向に大きく転換する。この転換の立役者の一人がコックだった。そして一九九四年、キリスト教民主アピールが選挙で大敗を喫すると、コックは労働党のかつての宿敵ともいうべき自由民主人民党との連合交渉をまとめ、中道政党をはずした保革連合政権を発足させたのである。

このことは、一方ではキリスト教民主アピールを野に下らせることで、既得権益にとらわれない改革を可能とした反面、左右の代表政党である労働党と自由民主人民党の政策距離をいっそう近づけ、かつて存在した保守—進歩という対立軸を大幅に薄めることを意味していた。この主要政党の「オール中道化」状態は、有権者の政治的選択肢を喪失させるものとみなされ、既成政党への幻滅が広がった。野党であるキリスト教民主アピールも、内部に対立を抱え、紫連合との明確な政策的な相違を出すことが困難だった(Versteegh, 1999)。この状況でアウトサイダーであるフォルタインは、既成政党の政治家を「ハーグの寡頭支配階級」と呼んでひとまとめに批判し、有権者の支持を集めることに成功したのである。

第二は、特に第二次コック政権(一九九八―二〇〇二年)が成立したころから、公共セクターの質の低下が指摘されるようになり、その責任が政府に直接向けられたことである。紫連合はグローバリゼーションに積極的に対応し、民間市場原理を重視して経済の自由化を進め、良好な経済パフォーマンスを実現した反面、教育や医療・介護、鉄道・道路などの公共セクターへの投資は後回しとなった。特に、失業率の急速な低下で労働力不足が広がるなか、民間セクターほど賃金が上がらず、欠勤率の高い公共部門、とりわけ教員、医療・介護従事者は深刻な人員不足に陥る。その結果、公立学校が提供すべき授業時間を満たせなかったり、手術待ちの待機者が大量に発生する事態が生じてしまう。また鉄道は慢性的に遅れており、自動車の保持者の増大に比して道路整備が追いつかない結果、交通渋滞も都市部で連日のように発生するようになった。これらの生活に直結する問題は、特に大都市で強く実感され、民間経済優先の政府に対する強い不満となって広がった。

第三の背景として挙げられるのが、いうまでもなく移民・難民問題である。ただ紫連合政権は、むしろ移民統合政策に積極的に取り組んできたといってよい。特に一九九八年の「ニューカマー市民法」は、移民に対するオランダ語講習やオランダ社会に関する知識の提供を自治体に定めるとともに、移民の側に仕事を探す「義務」をも課すものであり、従来の多文化主義的姿勢から「統合」へ政策の力点を移すものだった(吉田、二〇〇四、九四)。また、違法滞在外国人への社会保障給付の廃止、難民の庇護申請審査の厳格化など、いくつかの移民制限的な政策がとられている。他方では、移民の職業教育の推進、企業のマイノリティ採用の促進など、移民の社会的地位の向上をめざす政策が進められた。政府は二〇〇〇年には中小企業団体、二〇〇二年には大企業と協定を締結し、マイノリティ社員の採用の促進を約させている。

しかし、これらの施策の多くは効果が出るまで時間がかかるうえ、移民の流入傾向に大きな変化は生じなかった。また経済状況の好転にもかかわらず、都市の犯罪はほとんど減少していない。オランダ人の多くが治安の悪化を身近に感じるなかで、移民と犯罪の増加を結びつける議論が増えていく。そして住民の安全を守ることのできない政府への批判が高まるなか、二〇〇一年のアメリカ同時多発テロ以降、モスクやイスラム学校への脅迫といった形で反移民感情が表出することとなった。

こうして紫連合に対する批判が強まるなか、国民的人気を博してきたコック首相が二期限りでの引退を表明する。次期首相含みで労働党の筆頭候補者として指名されたのはメルケルト議員団長だった。しかし党内権力を固めることに専念してきた彼には、コックのような大衆的人気はなかった。メルケルトのもとで紫連合が三期目を迎えることは困難との見方が広がり、政局は流動化する。

### 4　フォルタインの登場とイスラム批判

ピム・フォルタイン(写真2)が政治の表舞台に躍り出たのは、まさに以上のような文脈においてであった。他のヨーロッパ諸国においても同様だが、新右翼政党が大衆的な支持を獲得できるか否かは、有権者の不満のありかを的確に突き止め、効果的に代弁することのできる、一種の「政治的企業家(political entrepreneur)」が出現するかどうかに大きく依存する。政治学者の島田幸典は、ヨーロッパの近年の右翼ポピュリズム政党の伸長を分析した研究において、潜在的な争点にその主張を結びつけ、移民排斥論を機敏に活用する能力が政党の側にあるかどうかが当該政党の成否に重要である、と論じている(島田、二〇一一)。この点でフォルタインは、鋭い政治的感覚を持ち、既成のオランダ政治への一般大衆の不満を政治的にまとめ上げることに成功した、オランダでもまれにみる政治的企業家といえるだろう。

**写真2**　ピム・フォルタイン
(提供＝AP／アフロ)

フォルタインは一九四八年、オランダ中北部のフェルセンという海沿いの町に生まれた。両親はカトリック信徒であり、フォルタイン自身も一〇代のころは教会関係の活動に熱心に加わっていたが、後にカトリックから距離を置くようになる。カルヴァン派系のアムステルダム自由大学で社会学を専攻した後、フローニンゲン大学やエラスムス・ロッテルダム大学などで教鞭をとっている。博士論文の『オランダにおける社会経済政策　一九四五―一九四九』は戦後再建期のオランダに関する詳細な実証研究である(Fortuijn, 1980)。

学生運動の激しい時代に学生生活を送った彼は、研究分野としてマルクス主義社会学を選び、労働党にも入党した。しかし後に彼は「転向」して一九八九年に労働党を離れ、以後は右派の論客として鳴らすことになる。なお労働党指導者のコックとの確執が労働党離党の直接のきっかけになったと彼は述懐しており(Fortuyn, 2002b, 297–299)、その意味でも彼のコック政権批判は手厳しいものとなった。

ベンチャービジネスをはじめとするさまざまな活動に手を出してきた彼は、大学の枠に収まるような人物ではなく、一九九五年にロッテルダム大学を辞して自身の会社経営、新聞・雑誌コラムへの寄稿、本の執筆などに専念する。彼はその派手な生活スタイル、長身でおしゃれに着込んだ印象的な容姿、多彩な評論活動と歯に衣着せぬ発言で社会的注目を集め、また「ピム来るところトラブルあり」といわれるほど論争的な人物でもあった。

その彼がこのころ特に注目を集めたのが、そのイスラム批判、そしてイスラム系の移民に対する厳しい評価である。先に示したように、オランダは移民や難民に対して穏やかな政策を展開し、主要政党やマスコミ・知識人もこれを基本的に支持してきた。フォルタインのようにこの問題を正面から取り上げ、返す刀で移民問題に「口をつぐむ」既存の政治家やマスコミを批判する方法はきわめて異色だった。

イスラムを「時代遅れの(achterlijk)」宗教と呼んではばからない彼の基本的な発想は、イスラムが根本的に近代西欧文明と異なる原理に基づく、西欧社会とは共存不可能な宗教であるというものである。彼は次のように主張する。イスラム、とりわけ原理主義的なイスラムは、近代西洋諸国で実現されてきた政教分離、個人の自立、男女平等といった原理と相容れることはない。西洋諸国は、このイスラムのあり方をきちんと批判し、確固として自らの価値を主張すべきだという。「西洋は……われわれにとって受容可能なものにも限界があるということを示し、実感させていかなければならない」。しかしオランダをはじめヨーロッパ諸国には、すでに多数のトルコ系、モロッコ系などのイスラム移民が流入している。しかも多文化主義を標榜するオランダでは、移民は独自の文化をかたくなに守って後進地区に集住しているが、彼らの多くはオランダ語も使えず、オランダ社会への統合を果たそうとしない。移民はまた、犯罪、麻薬中毒などの社会不安の温床ともなっている。その結果、イスラム原理主義はこの閉ざされた空間に住む移民たちに触手を伸ばし、容易にその地歩を固めることができる。行き着く先は相容れない二つの価値観による衝突である。移民の居住地域を分散させるといった思い切った措置をとらない限り、衝突は免れないという(Fortuyn, 2001a)。

フォルタインは以上のように主張し、これまで政治家や専門家たちが、この「痛々しい真実(pijnlijke waarheid)」を直視することを拒んできたと断罪する。移民による犯罪が深刻であるにもかかわらず、常にそれは「小集団」が「偶発的に」起こしたこととして扱われてきたため、移民が価値観・宗教の異なるオランダ社会に統合されていないという、本質的な問題が看過されてきたという(Fortuyn, 2001b)。

ここで注意すべきは、フォルタインは人種差別・民族差別的な主張に基づきイスラム移民を排撃するのではなく、あくまで西洋啓蒙の伝統に由来する普遍的な価値観を援用して「遅れた」イスラムを批判する、という論法をとっていることである。

たとえば彼は、自らが学生時代以来の同性愛者であることを公言し(Fortuyn, 2002b)、女性解放や同性愛者への差別撤廃をなしとげた一九六〇年代以降の西欧諸国の社会運動を高く評価するが、それとあわせて女性差別・同性愛者差別を認めるイスラム社会を厳しく批判する。「女性は自らの意思でベールをかぶり、全身を覆っているというのか……そのような女性たちの住む遅れた地域に対しては、全面的な差別撤廃政策を進めたい」(Garschagen, 2002, 22)。「〔イスラム社会で同性愛者であることを〕公言する勇気を持つ者には、社会的にも、家族からも完全に孤立する状態が待っている。これほど野蛮なことはない！」(Fortuyn, 2001a, 75)。オランダ国内のイスラム社会においても、「異性愛者の男性」が「絶対的な地位」を占めている状態が存在するが、イスラムの女性や同性愛者たちにも通常のオランダ人が享受しているのと同じ人権が保障されねばならない、と彼は主張する。

このようにフォルタインは、男女平等や人権・自由といった近代的価値を積極的に認め、議会制デモクラシーの存在なども自明視したうえで、その「普遍的な」価値に立脚するがゆえにイスラムを批判するという手法をとる。これは周辺諸国の新右翼、たとえばフランスの国民戦線やベルギーのフラームス・ブロック(現在はフラームス・ベラングに党名変更)のようにファシズムや暴力的極右運動に由来する部分を持ち、民族的・国家的価値を重視して排外的主張を行ってきた勢力とは一線を画している。フォルタイン党も議会外の過激な移民排斥運動とは一切関係ない。むしろフォルタイン党は、デンマークの進歩党、国民党、ノルウェーの進歩党のように、やはり西洋的価値を唱えつつ移民規制を説く新右翼と共通する点が多かった。国民戦線やフラームス・ブロックと異なり、「リベラル」な価値に立脚する論法をとるフォルタイン党や北欧の新右翼政党が、「極右」と呼ばれることがほとんどないのは、その結果である。

しかもフォルタインは妊娠中絶などの女性の権利、同性愛者の権利を積極的に擁護するのみならず、安楽死や麻薬も容認する立場をとっており、むしろリバタリアンにも近い。その点で中絶に強く反対し、伝統的家族の価値を重視してきた国民戦線などの極右とは対照的だった。その背景には、そもそもオランダや北欧では、議会制デモクラシーや人権・自由といった近代的価値が幅広く根づいているのに加えて、リバタリアン的な価値観もかなりの程度浸透しており、これ自体を批判する勢力が支持を集めることは困難という状況がある。むしろ「リベラル」かつ「リバタリアン」な価値を認めたうえで、しかもその価値観を逆手にとる形で「遅れた」宗教を批判し、移民を排撃する方法には可能性が残されている。その意味でフォルタインの運動は脱産業化した先進国における新しい形の右翼、いわば「ポストモダンの新右翼」とでも呼べるかもしれない。

## 5　二〇〇二年選挙に臨むフォルタイン

ただ、以上のようにイスラム批判で知られたフォルタインであったが、総選挙に向かう二〇〇一年夏から二〇〇二年五月に至る時期をとってみれば、やや違う構図が存在していたことに気づく。イスラムの問題はフォルタインの年来の重要な関心事であったとはいえ、この時期の彼の政治的主張の中心がイスラム批判に置かれていたとまではいえない。彼は二〇〇一年秋以降、新党「すみよいオランダ(Leefbaar Nederland)」、そしてフォルタイン党の筆頭候補者として活動し、また二〇〇二年三月の自治体選挙にはロッテルダム市議会選挙に「すみよいロッテルダム」の筆頭候補者として臨んだが、いずれの党の顔としても、イスラム批判を前面に出して幅広い支持を獲得したとまではいえない。

たとえば彼が執筆して、総選挙の二カ月前にフォルタイン党の公約集として出版した『紫連合政権八年の廃墟』(Fortuyn, 2002a)においては、イスラム批判に直接関わる記述は一〇ページ程度であり、全体の六％を占めるに過ぎない。移民問題全般に関する部分を合わせても、全体の九％程度にとどまる。また地域政党「すみよいロッテルダム」においても、公約に掲げられた二二項目のうち、イスラム批判を明示的に掲げた叙述はない。

それでは、『紫連合政権八年の廃墟』でフォルタインが中心的に訴えたテーマは何だったのか。それは公共サービスの問題である。フォルタインは医療・福祉から教育・治安・公益企業に至る公共サービスの劣化を指摘するとともに、市民生活を無視した紫連合政権の政治家たちの無策がその原因であるとして批判し、政策転換を訴えた。『紫連合政権八年の廃墟』の記述の約六割が、この公共サービス関連の問題に費やされている。二〇〇ページ近いハードカバーの政策分析書であるにもかかわらず、この本は数カ月にわたってベストセラーとなった。

そもそもフォルタインが政治的に注目を集め、一気に支持を集めたきっかけは、彼が新党「すみよいオランダ」の筆頭候補者として政界に進出したことであったが、彼の選挙に向けた主張の力点は、何よりもまずポピュリズム的な既成政治批判であった。彼は

「政治を市民に取り戻す」ことを訴え、閉鎖的な政治エリートからなる既成政党の政治家たちを厳しく批判したのである。

彼は、一定の新鮮味を持って登場した紫連合が、実際には旧来のオランダ政治の悪弊であるエリート支配体制に取り込まれていったと主張する。もともとオランダの政治は、「多極共存型」あるいは「合意型」デモクラシーと呼ばれてきたように、各集団間の協調と合意形成を軸に運営されてきたとされ、近年のオランダモデル〔ポルダーモデル〕もこのような合意型の政策形成を前提としている。

しかしフォルタインは、この合意形成なるものは実は一握りのエリートによる、内輪の取引に過ぎないと断ずる。「全員で〔決める〕、というその全員は、もちろん普通の市民ではなく、政治的・社会的エリートのことである……これ〔ポルダーモデル〕は究極の温情主義的な統治・運営システムである。エリートは私たち普通の人々の名において調整と決定を行う。しかも彼らは、私たちが何を望んでいるのか、私たちにとって何がよいのかを自分たちが知っていると思い込んでいる」(Fortuyn, 2002a, 17)。しかしその実、既成の政治エリートは自らの保身に汲々としているに過ぎない。

オランダで主要な市長など行政職の多くが政治任用され、そのポストが主要政党によって分配されていることは強い批判の対象である。「オランダに住む一七〇〇万人になろうとする住民のうち、わずか三〇万人に過ぎない政党の党員」が排他的に主要職を独占していることは、「才能の無駄遣いであるばかりか……民主主義に対する侮辱表現だ」という(Fortuyn, 2002a, 11)。「政治を市民に近づける」ためとして、選挙綱領には市長公選はもちろん、首相公選の導入も掲げられた。「オランダの寡頭支配体制との戦い」を呼びかけるフォルタインのスタイルは、コンセンサスや妥協を重視してきたオランダの政治文化そのものへの挑戦であったといえるだろう(3)。

もちろん、フォルタイン本人が確信的なイスラム批判者として知られていたことは紛れもない事実である。一九九七年に出版し、二〇〇一年に改題して再版した『われらが文化のイスラム化──オランダのアイデンティティを基礎として』はオランダにおけるイスラム移民の問題を明示的に指摘し、イスラムの「前近代性」を批判して反響を起こした(Fortuyn, 2001a)。イスラム批判が、彼の主要な主張の一つであったことは疑いえない。

しかしその一方、選挙期間においては、彼はイスラム批判を正面から行うことには積極的ではなく、むしろ外国人問題、都市問題として問題を捉える手法をとった。たとえば彼は、二〇〇二年二月二五日に行われたテレビ討論において、労働党の有力政治家による「イスラムに諸悪の責任を押し付けている」というフォルタイン批判(当日昼の発言)を受けて、次のように語っている。「ここで重要な事実は……長年にわたる外国人の流入によって、多大な問題が生じているということだ。特に大都市において、治安、医療への需要、教育への需要に関して問題が生じているということだ」。「毎年四万人という過大な外国人の流入によって、大都市は徐々に解決不能な問題を抱え込むようになっているのだ」(Chorus and de Galen, 2002, 170–171)。外国人流入による公共サービスの質の低下を前面に出し、都市問題として問題を定義することで、イスラムをめぐる直接の論争を避けている様子が見て取れる。

## 6　政治戦略としてのポピュリズム

しかし、それではなぜ彼は、選挙に臨んで急進的なイスラム批判を強調しなかったのか。その理由は、彼の採用した政治戦略(選挙戦略および政権戦略)にあったと考えられる。

まず、選挙戦略からみてみよう。もともと彼を政治の表舞台に押し出した新党「すみよいオランダ」は、むしろリベラルな立場から既成政党を批判し、市民参加の拡大を訴えた政党であり、イスラム批判と直接の関連はない。そしてフォルタインも「すみよいオランダ」の顔として都市部を中心に幅広い支持を集めることで、既成政治に対する果敢な挑戦者としての地位を確立した。後にフォルタインは「すみよいオランダ」を離れてフォルタイン党を立ち上げたものの、フォルタイン党も「すみよいオランダ」の支持層のかなりの部分を引き寄せることで、短い期間で高い支持率を確保することができた。フォルタイン党は、既成政党を批判し、市民に身近な公共サービス問題をはじめ紫連合政権を多様な角度から追及することで、「すみよいオランダ」の支持層を吸収し、さらに支持を広げていったのである。

しかしイスラム批判を前面に出す手法をとれば、この支持の拡大は困難であり、排外的な極右政党として一般に理解される恐れもあった。オランダでは極右政党は一般有権者から忌避される傾向が強く、選挙でも三議席が最高である。フォルタインにとっては、急進的なイスラム批判を強調するのではなく、既成政治にあきたらない有権者に幅広く訴える手法が、望ましい選挙戦略であり、実際に有効だったといえるだろう。

次に政権戦略である。フォルタインは、既成政党に対する徹底的な批判者として振舞いつつも、同時に政治的に完全に孤立することは巧妙に回避し、選挙戦の最中にも連合形成のための布石を打っていた。比例代表制をとるオランダでは、単独の政党が政権を掌握することは著しく困難であり、政権入りのためには他党との連合は不可避である。ましてや「私は首相になる」と公言していた彼は、その野望を実現するためには他党との連合が必要となることを熟知していた。そして彼は紫連合政権下の最大野党であったキリスト教民主アピールとの選挙後の連立の可能性を考慮し、同党と一種の密約を結んで批判を相互に控えたのである。そして政策面では、一見物議をかもす急進的な主張で話題をさらいつつも、他党との連合の可能性を考慮し、極端なイスラム排撃など他党と相容れない主張は実際にはあまり行わなかった。特に選挙戦の後半、主張を全般に軟化させていたことは注目してよい。フォルタイン党が他の政党から「連合政権のパートナーとなりうる存在として認識されるためには……この主張の軟化は重要な意味を持っていた」のである(Kleinnijenhuis et al. 2003, 58)。

その結果、実際にフォルタインを筆頭候補者とした「すみよいロッテルダム」はロッテルダムの市議選後、キリスト教民主アピール、自由民主人民党とともに連合を組んでロッテルダム市の執行部を構成することに成功する。また総選挙後は、周知のようにフォルタイン党はやはり両党と連合して政権入りを果たしている。

政権参加という点についてみれば、他のヨーロッパ諸国の右派ポピュリズム政党と比較した場合、オランダのフォルタイン党は、きわめて例外的な「成功」を収めている。他の諸国では、フランスの国民戦線、ベルギーのフラームス・ブロック(フラームス・ベラング)をはじめとしてポピュリズム政党は政治的に孤立するのが普通であり、政権参加の道が閉ざされていたり、政権参加に至るまで長い期間がかかっている。しかしフォルタイン系の政党は結党直後に自治体レベル・国政レベルのいずれでも選挙で勝利したばかりか、連立政権の樹立にさほどの困難なく成功し、以後の政策転換に深い影響を及ぼしている。フォルタインは誰よりも「政権参加を志向する」ポピュリストだったといえる。

そこで次節では、これらの点に留意しながら、「すみよいオランダ」がオランダ政治に登場した二〇〇一年半ばから、フォルタイン党が総選挙で躍進した二〇〇二年五月に至る激動の一年間について叙述していく。そのさい、フォルタイン党の先行者としての「すみよい」政党の果たした役割を重視する。「すみよい」政党の結集点となっていた、反既成政治・反既成政党というポピュリズム的主張を全面的に受け継ぐことで、フォルタイン党はその支持を拡大していったからである。

しかもフォルタインは、その政治戦略に基づき、極右政党や反イスラム主義政党といったレッテル貼りを避けるとともに、他党との連合形成の余地を残す巧みな手法によって、(自らは生きて目にすることはなかったとはいえ)フォルタイン党の躍進と政権参加、そしてドラスティックな政策転換を可能とした。オランダ政治の「パラダイム・シフト」が生じ、オランダ史の「転回点(kantelmoment)」ともいわれるこの時期の政治的展開を明らかにすることで(de Vries, 2006)、安定性・協調性によって彩られていた前世紀とは異なる段階に入りつつある、現代のオランダ政治を理解する一助としたい。

## 第二節　フォルタイン党の躍進とフォルタイン殺害

### 1　「すみよいオランダ」の結党

翌年に下院選挙を控えた二〇〇一年になると、紫連合への支持の低下が顕著となるなか、既成政治・既成政党への不満を政治的に表明していこうという動きが各地で生まれる。その動きをまとめ上げた最初の党が、新党「すみよいオランダ」だった。

「すみよいオランダ」は、労働党出身のヤン・ナーヘルらによって一九九九年三月に結成された全国政党である。結党の背景には、一九九〇年代以降の地方政治において「すみよい」を名乗る地方政党が、各地で急速に伸長していたことがあった。なかでも一九九八年の自治体議会選挙ではヒルフェルスムで「すみよいヒルフェルスム」が得票率三五%、二〇〇〇年にはユトレヒトで「すみよいユトレヒト」が得票率二八・五%とそれぞれ躍進を遂げていた。そして二〇〇二年三月の自治体議会選挙をにらんで、二〇〇一年中には全国で多数の「すみよい」を名乗る地方政党が雨後の筍のように結成されていた。

これらの「すみよい」を名乗る多数の地方政党は、既成政党が支配する地方政治の閉鎖性を批判し、住民の声を聴く開かれた政治を訴える点で共通していた。そして地域固有の課題(交通問題、中心部再開発問題)など住民に身近なテーマを取り上げ、市政に大胆な転換を迫るスタイルで住民の人気を博していた。特に「すみよい」政党が躍進したのは中間層の多い近郊の中規模都市だった。中間層主体のこれらの都市では、治安や交通をはじめとする生活環境に対する住民の関心が高い反面、無党派層が多いために市政を支配する既成政党に対する距離感があり、「すみよい」政党はそれらの住民の不満を吸収して伸びていったのである。

なかでも得票率三五％で「すみよい」政党の代表格となった「すみよいヒルフェルスム」は、二〇〇一年には市の道路整備プランに反対して市執行部を辞任に追い込むなど、活発に活動を展開した。その中心人物がナーヘルであり、彼は二〇〇二年五月の総選挙を念頭に、「すみよいユトレヒト」党首のスネッツらを誘って「すみよいオランダ」を立ち上げ、全国的な活動を始めたのである。そして二〇〇一年六月一〇日には第一回党大会が開催され、ナーヘルは満場一致で党首に正式に選出された。「ゴリアト（旧約聖書に登場する巨人の兵士）に挑むダビデ」のようなものだったと関係者は述懐しているが、「すみよいオランダ」はこの党大会のころにはすでにメディアの一定の注目を集めており、総選挙で三議席に相当する支持率を確保していた。

政治イデオロギーという点では、「すみよいオランダ」を従来の左右軸のうえに位置づけることは難しい。確かに一方では、「すみよいオランダ」は「政治を有権者に近づける」ことを掲げ、政治参加の拡大を旗印とする民主66のような中道左派政党と一定の共通点を持っていた。従来政府による任命制だった市長を公選制にすることなど、政治の民主化は中心的な主張であった。また「あらゆる形態の人種差別に反対」するとしており、極右政党とは相容れない政党として自らを位置づけていた。しかし他方では、治安政策の強化や、移民に「市民化する義務」を導入することも主張しており、（住宅所有者に有利な)住宅ローン控除の廃止にも反対するなど、中道右派に近い主張も散見された。

むしろ「すみよいオランダ」を特徴づけていたのは、そのポピュリズム的姿勢である。「すみよいオランダ」は、政治的中心地であるハーグに巣食う既成政党はすでにその役目を終えたとして指弾し、新党の参入による政治の活性化が必要としたうえで、上院の廃止、公務員数の大幅な削減などの大胆な主張も並べていた。政治学者のファン・プラーフはこの時期の「すみよいオランダ」について、「左派ポピュリズム的なプログラムを持った反エスタブリッシュメント政党」と評している(van Praag, 2003, 99)。既成政党や組織利益と関係が薄く、既成政治に対する批判が強い反面、生活環境の維持を重視して治安の強化や移民への一定の厳しい対応も求める、都市部の新中間層の志向を反映していたともいえる。実際、二〇〇一年中の有権者調査データによると、「すみよいオランダ」の支持者には自らを中道ないし左派と位置づける人が多かった反面、所得水準はむしろ高めであり、「重視する政策課題」のトップは犯罪・治安対策であった(van Praag, 2003)。また特に男性、若年層に支持者が多かったことも特徴である。

しかし他方、「すみよいオランダ」は独自の問題も抱えていた。自律性を重んじる各地域の「すみよい」政党は「すみよいオランダ」とは別個の組織であったため、「すみよいオランダ」には地方支部にあたる組織が事実上存在せず、選挙運動のネックとなっていた。また各地の「すみよい」政党が地域固有の問題を掘り起こし、独自の対案を提示することで住民の信頼を獲得してきたのに対し、全国政党である「すみよいオランダ」がそのような独自の問題設定や対案の提示を全国レベルで行うことは容易ではなかった。そのため、この「すみよいオランダ」が選挙で勝利を収めるためには、党の「顔」である筆頭候補者にアピール力のある人物を立てることが不可欠であった。

## 2　フォルタインの登場

ここで有力候補として浮上したのがフォルタインである。「すみよいオランダ」の執行部は、舌鋒鋭い言論活動で知名度のあるフォルタインに目をつけ、反既成政治のシンボルとして擁立することを検討した。そしてかねてから政界入りの可能性を探っていたフォルタインも、「すみよいオランダ」から選挙に出ることに強い関心を示す。執行部のなかには、フォルタインの言動やその非妥協的な態度について違和感を持つ者もいたが、議論の末、最終的には、フォルタインを筆頭候補者として党大会に推薦することで一致した(Chorus and de Galen, 2002, 37-42)。

二〇〇一年八月二〇日、フォルタインは出演したテレビ番組で二〇〇二年選挙への出馬を表明した。この番組で「オランダの首相になる」との野望を明らかにしたフォルタインの動向を、以後メディアは逐一報道するようになり、彼はいわば「時の人」として幅広く注目を集めるようになる。このころから「すみよいオランダ」の支持率も上昇し、入党希望が殺到した。特に九月一一日の同時多発テロ以降、イスラム批判でも知られたフォルタインへの注目は大いに高まった。すでに九月の時点で、「メディアのフォルタイン化」さえ語られていた(van Praag, 2003, 100)。

フォルタインを筆頭候補者に据える方針は内定したものの、これまで中道左派に近い路線をとってきた「すみよいオランダ」とフォルタインの関係は緊張をはらんでいた。「オランダは満員だ」として難民の厳格な制限を主張しているフォルタインには、党内から強い批判が寄せられた。ナーヘル党首もフォルタインの主張に批判的であり、「オランダは満員だ」という発言を今後しないようにフォルタインに強く要求した。これにはフォルタインも応じ、以後しばらく彼は「オランダは混雑している」という曖昧な表現を採用する。また、フォルタインの政治スタイルも「すみよいオランダ」の執行部とは相容れない部分が多かった。たとえば彼は、「すみよいオランダ」の比例リストの第二位から第九位までをすべて自分の知己で固めるよう求めたが、一般党員からの集約による候補者選定をめざしていた執行部から、「非民主的だ」として拒否される一幕もあった(Chorus and de Galen, 2002, 79-91)。

「すみよいオランダ」内部の反フォルタイン派は、独自に会合を開いて対応を協議し、対抗馬として広告アドバイザーのデ・ハーン、アムステルダム大学教授のピントらを擁立する(Chorus and de Galen, 2002, 102-103)。しかし二〇〇一年一一月二五日の党大会における筆頭候補者の選出は、フォルタインの圧勝で終わった。フォルタインは投じられた四四五票のうち三九四票、すなわち八九％もの得票率で筆頭候補者に選ばれた。

反フォルタイン派はピントが一九票、デ・ハーンが一二票と惨敗した。その背景には、すでに多くの党員がフォルタインを筆頭候補者とすることを既成事実として認めていたことがあった。メディアが「すみよいオランダ」筆頭候補者の最有力候補としてフォルタインの動向と発言を熱心に追い、人々の注目がフォルタインに集中するなかで、知名度において圧倒的にまさるフォルタインを筆頭候補者にする以外に選挙で躍進する可能性はないと思われていた。

筆頭候補受諾演説において、フォルタインは聴衆に語りかけた。「三カ月前に初めて本格的に議論を始めたというのに、いまや私は筆頭候補者に選ばれている……私はずっしりと重たい荷物を背負った思いがする。私に与えられた任務はとてつもなく重いものになろう」。彼は教育、医療など紫連合政権の政策の失敗を鋭く非難し、「われわれが望むのは新しい政治だ。この国を、この国に住む人々に取り戻すことを望んでいるのだ」と述べる。そして最後に彼は敬礼のポーズをとり、"At your service!"と叫んで演説を締めくくった。満場の会場は拍手喝采が鳴り止まず、以後のフォルタインフィーバーに油を注ぐ結果となった。この言葉は、選挙運動責任者のファン・デ・リンデ(Kay van de Linde)とフォルタインが相談し、すでに一カ月前に準備していたという。

後にフォルタインの伝記を著したジャーナリストのオルンステインは、フォルタインがすでに一〇代のころからアメリカのケネディ大統領に注目し、崇拝に近い憧れを抱いていたことを示している(Ornstein, 2012)。フォルタインにとってケネディは、古い政治を打破して新しい時代を切り拓く偉大な改革者のリーダーだった。とりわけ彼はその力強い演説に感銘を受け、大統領就任演説のテープは終生手放すことはなかったという。入念な準備をして受諾演説に臨んだフォルタインのなかには、アメリカ国民に新しい時代の幕開けを演説で力強く告げたケネディのイメージがあったのかもしれない。

オランダの旧来の政治のあり方を批判し、既成政党を断罪して人気を博したフォルタインであるが、しかしその一方で彼は、有力な政党すべてを敵に回したわけではない。むしろ「首相になる」ために他党と連立する必要があることを意識しつつ、特に野党であるキリスト教民主アピールとは対立を避け、選挙後の協力に道を開いていた(Poorthuis, 2002, 14)。実際この時期にフォルタインはキリスト教民主アピールの筆頭候補者であるバルケネンデと個人的に会談し、打ち解ける仲となっていた。そして紫連合に批判的であり、政治や社会における価値規範(normen en waarden)の重視という点で共通点も多いことから、その会談のさいに、今後は相互に攻撃を行わない約束をひそかに取り付けたのである。この「不可侵条約」の存在については当時から噂されていたが、関係者によって後に具体的に明らかにされた。

この盟約の結果、バルケネンデは正面切ったフォルタイン批判は控え、むしろ歩調を合わせて紫連合批判を行うこともあった。フォルタインは単に声高に既成政党を批判するにとどまることなく、政治的打算に基づいて戦略的に行動していたのであり、政権入りをめざして布石を着々と打っていたのである。

## 3　「すみよいロッテルダム」の設立とフォルタイン擁立

フォルタインを筆頭候補者に据えた「すみよいオランダ」がメディアの注視の的となる一方で、フォルタインの住むロッテルダムでも翌年三月の自治体議会選挙に向けてもう一つの動きが始まり、渦のような求心力を持って人々を巻き込んでいく。

二〇〇一年一二月、ロッテルダム在住の教員であり、「すみよいオランダ」の党員でもあるセレンセンが、「すみよいロッテルダム(Leefbaar Rotterdam)」を設立した。フォルタインに親近感を持つメンバーが幹部を占めるこの地域政党は、「すみよいオランダ」と連携しつつロッテルダム市議選に参加し、議席の獲得をめざしたのである。そして市政の中核に位置する労働党に批判的な彼らは、治安問題を重点課題に掲げて市政の転換を訴えた。

にわかじたての地域政党であったが、「すみよいオランダ」人気に連動する形で「すみよいロッテルダム」への支持は急速に高まった。しかもフォルタイン自らも、早速

「すみよいロッテルダム」に入党する。いまや全国に名をとどろかせているフォルタインが地元の「すみよいロッテルダム」の戦列に加わることのインパクトは大きかった。そしてフォルタイン側の希望を受け、「すみよいロッテルダム」執行部はセレンセンを筆頭候補者とするという当初の予定をかなぐり捨て、「すみよいオランダ」の筆頭候補者であるフォルタインを「すみよいロッテルダム」の筆頭候補者としても迎え入れ、三月の市議選に臨むことを決定する。

フォルタインにとって、「すみよいロッテルダム」を通じて自治体選挙にも参加することは大きな戦略的意味を持っていた。もし「すみよいロッテルダム」が三月の市議選で成功を収めることができれば、その勢いで五月の総選挙も「すみよいオランダ」の勝利に導くことができるだろうと考えたのである。またフォルタインは、「すみよいロッテルダム」の候補者の顔ぶれに高い評価を与えていた。候補者リストには多彩な市民が名前を連ねており、「政治にアマチュアを呼び戻そう。そうしてこそ(議会が)国民の代表機関といえるのだから」という彼の主張に合致していた(Oosthoek, 2005, 48)。実際、リストには起業家や教員に加えて学生や主婦、インテリアコーディネーター、居酒屋の主人、配管工など政治には縁遠かった人々も並び、その多様性は際立っていた。

フォルタインを「すみよいロッテルダム」の筆頭候補者とする件は、外部には完全に伏せられたまま執行部内部で進められ、一月二〇日に突如発表された。これはロッテルダムはもちろん、全国の有権者やメディアにとって大きなサプライズ(grote verrassing)として受け止められ、これと連携した「すみよいオランダ」は世論調査で、ついに予想獲得議席を二〇議席の大台に乗せた。

## 4 「すみよいオランダ」との決裂とフォルタイン党結成

しかし「すみよいオランダ」とフォルタインの別離は突然に、思いがけない形で訪れた。二〇〇二年二月九日の『デ・フォルクスクラント』が報じたフォルタインとのインタビュー記事が、大きな反響を呼び起こしたのである。

きっかけは難民問題だった。この記事でフォルタインは、オランダは「一六〇〇万人のオランダ人でもう十分だ」としたうえで、「オランダは満員の国だ」と述べる。この「満員」という表現自体、すでに「すみよいオランダ」執行部との約束を破るものであったが、彼はさらに「これ以上の難民をオランダに入れるべきではない」と語り、難民流入を阻止するために難民条約やシェンゲン条約の破棄もありうる、とさえ語ったのである。これがそれまでの「すみよいオランダ」の路線を完全に踏み外すものであったことはいうまでもない。しかもフォルタインはこの記事のなかで、イスラムを「遅れた文化である」とし、また差別を禁じたオランダ憲法第一条について、言論の自由を侵害するがゆえに廃止すべきであるとも主張していた。

これらの発言は、いずれも彼の年来の主張に沿うものだったとはいえ、「すみよいオランダ」の筆頭候補者として封じてきた発言だったことから、大きな波紋を呼び起こした。既成政党は一斉にフォルタインを批判し、グリーン・レフトなどはフォルタインを「極右」と位置づけて非難した。また「すみよいオランダ」執行部は強い衝撃を受け(Hippe et al. 2004)、フォルタインに党大会決定や党綱領の遵守を要求した。しかしフォルタインが発言の撤回を拒否し、自説を擁護したことから、結局執行部は多数決でフォルタインを筆頭候補者から降ろすことを決定し、ここにフォルタインと「すみよいオランダ」は決別した。

フォルタインはこの一連の騒動からわずか数日後、今度はフォルタイン党の設立を発表し、筆頭候補者として再び選挙戦に参入した。決別の直後はフォルタインも弱気になっていたが、彼をそれまで支えてきた友人たちの説得もあり、独自に政党を結成して国政選挙に臨むことに決定した。特にそこで決め手となったのは、三月の自治体議会選挙に向けて選挙戦の只中にあった「すみよいロッテルダム」が、フォルタインを筆頭候補者とする方針に変更がないことを確認し、フォルタインとの連帯の意思を直接伝えてきたことだった。「すみよいオランダ」から外されたとはいえ、彼は依然として、ロッテルダムの世論調査で第一党に迫る人気を誇る「すみよいロッテルダム」の筆頭候補者でもあり、そのことは国政選挙においても重要な政治的資源となるものだったのである。

当初友人たちを含むわずか四名で設立されたフォルタイン党であったが、ただちに世論の注目を集め、有力政党を脅かす存在となった。フォルタインは精力的にテレビに出演し、討論をこなし、難民政策、公共サービス、治安、社会保険などの問題を中心に訴えて支持を拡大した。三月に入ると早くもフォルタイン党の獲得予想議席は二〇に迫る。他方フォルタインの抜けた「すみよいオランダ」は、筆頭候補者に元検察官のテーフェンを選出したが、知名度の不足はいかんともしがたく支持率は急落し、メディアの注目も急速に薄れていった。

## 5　「すみよいロッテルダム」の圧勝

結党間もないフォルタイン党の試金石となったのが、二〇〇二年三月六日のロッテルダム市議選だった。ロッテルダムでは「すみよいロッテルダム」が、治安、移民問題などを軸に有利に選挙戦を進めていた。そのさい既成政党、とりわけ労働党に対しては、市政を私物化してきたとして厳しく非難を浴びせていた。そして全国の注目が集まるなか、「すみよいロッテルダム」は事前予測をさらに上回る三四・七％という驚異的な得票率で地滑り的な勝利を収め、総議席四五議席中一七議席を獲得したのである。

これに対し、長年市政に君臨してきた労働党は一五議席を一一議席に減らし、自由民主人民党も九議席を四議席に減らすなど、既成政党側は手痛いダメージを受けた。特に、労働者やマイノリティが多く、伝統的に労働党が強固な地盤を築いていた同市で労働党が敗北を喫したことは衝撃的だった。外国メディアは、この日を「暗黒の水曜日」と呼んでその衝撃を表現した(Hippe et al., 2004, 106)。またこの日に全国で行われた統一自治体議会選挙の結果をみても、「すみよい」を冠する地方政党は一七もの自治体で最大政党に躍り出る一方、紫連合与党は大幅に議席を減じていた。与党はこの選挙結果に強い衝撃を受けたが、フォルタインはこれを政権に対する不信任と受け止め、紫連合政権に対する批判をいっそう強めていく。

しかし他方、彼は「すみよいロッテルダム」が市議選に勝利するだけでなく、他の政党と連合して市執行部を構成し、与党として市政を担うよう市議選後ただちに動き始めていた。もしフォルタインが率いる「すみよいロッテルダム」が市政の中核として与党入りを果たすならば、それは間接的にフォルタイン党の政権担当能力を証明するものとなり、総選挙で有利に働くと思われたからである(Oosthoek, 2005, 153)。そしてフォルタインが市執行部の連合相手として期待したキリスト教民主アピールと自由民主人民党は、いずれも国政レベルで連合政権を組むさいのパートナー候補でもあった。「オランダの首相となる」という彼の野望を実現させるうえで、この二党と地域レベルでまず連合を成功させることは、重要なステップだったのである。

当初、執行部の組閣は困難と思われた。第一党のリーダーとして組閣に乗り出したフオルタインは、選挙戦で攻撃の対象とした労働党を執行部から排除し、キリスト教民主アピールと自由民主人民党、「すみよいロッテルダム」からなる三党連立市政の可能性を探る。しかし、キリスト教民主アピールと自由民主人民党は否定的だった。両党は、労働党を排除して素人色の強い「すみよいロッテルダム」と連立することはリスクが高いと考え、従来通り労働党も含む連立を志向したからである。そもそも市政の中核に長く位置してきた労働党には人材が豊富にあり、しかも議席を減らしたとはいえ市議会第二党であったことから、執行部入りは不自然ではなかった。

交渉が行き詰まると、フォルタインは旧知のロッテルダム大学政治学教授のファン・スヘンデレンを中立的な情報提供者として推薦して自分は一歩退き、ファン・スヘンデレンのもとで各党の協議が再開される。そしてファン・スヘンデレンは実務的な調整能力を発揮して三党の合意を取り付け、最終的に四月二五日、総選挙の三週間前に三党連立に基づく新執行部が発足したのである。

なぜ連立交渉は比較的円滑に進んだのか。理由はいくつか考えられる。「すみよいロッテルダム」の政策自体が極右政党と異なり、人種差別的内容を明示的に含むものではなく、両党にとって受け入れ可能な内容であったこと、また中立的専門家の提示した連立案を受け入れるという形をとることで、両党が党内外に「すみよいロッテルダム」との連立を正当化する体裁が整ったことなどが挙げられる。

しかし決め手となったのはポスト配分であった。フォルタインは交渉のさい、七つある副市長ポストのうち「すみよいロッテルダム」の取り分を三ポストのみにとどめ、キリスト教民主アピールと自由民主人民党にそれぞれ二ポストずつ配分する案を提示したが、これは両党の獲得議席数(それぞれ五議席と四議席に過ぎず、一七議席の「すみよいロッテルダム」に遠く及ばない)に比して過大なポスト数だったのである。両党はこの提案を歓迎した。総選挙前の市政連立交渉の妥結を最優先したこの「低姿勢」が、連立の成功を支えたといえる。

結果的にみれば、全国的な注目を集めたロッテルダム市の組閣はフォルタインの思惑通りに終わり、総選挙に向けたアピールとして最大限の効果を発揮した。まず、労働党を下野させたことは、既成政党に対する果敢な挑戦者としてのフォルタインのイメージを強めるうえで重要な意味を持った。労働党は戦後一貫して市政の中心にいたばかりか、国政でもコック首相を擁する紫連合政権の最大与党であり、フォルタインの既成政党批判のターゲットの政党だったからである。また比較的短期のうちに連立交渉が完結し、「すみよいロッテルダム」が執行部入りしたことは、単なるアウトサイダーにとどまらない、現実的で妥協可能な政治的パートナーとしてフォルタイン党を認知させることに貢献した。

さらに、治安問題を最優先課題とした「すみよいロッテルダム」の主張が与党三党の連立協定の中心テーマとして取り入れられたことは、フォルタイン党の政策が現実の政策として実現するという期待を高める結果となった。現に連立協定は「すみよいロッテルダム」の選挙綱領を軸に作成され、自由民主人民党とキリスト教民主アピールは多少のニュアンスを加えるにとどまった。「文書のうえでは、できたての新党がそのほとんどすべての政治的要求を実現させた」のである(Oosthoek, 2005, 166)。治安担当の副市長ポストを「すみよいロッテルダム」が占めたことはいうまでもない。

キリスト教民主アピールの筆頭候補者のバルケネンデは、この連立の成功を高く評価し、フォルタインを持ち上げた。彼は「フォルタインは当初、きわめて先鋭的で分極化を促すような行動を行っていた」が、恐れていた政策方針は出なかったとしたうえで、「ロッテルダムでは今回、実行可能な大人の約束が成立したのだ」と述べ、「すみよいロッテルダム」を含む連立の成立を評価したのである(Oosthoek, 2005, 166)。総選挙でフォルタイン党の大量の議席獲得が見込まれるなか、キリスト教民主アピールにとっても、フォルタイン党が連立パートナーの有力候補となっていたことが、このフォルタイン称賛の背景にあった。そしてキリスト教民主アピールがフォルタインの政治行動を公に評価する立場を示したことは、フォルタイン党自体の正統性を高める結果となった。実際、総選挙に至るまで両党は相互に批判することを可能な限り避けており、批判の度合いは紫連合与党に対する批判と比較すれば極端に低かったことが明らかとなっている

(Kleinnijenhuis et al., 2003)。

このように、ロッテルダム市議選と組閣はフォルタインの政治戦略を実行に移す絶好の機会となり、選挙戦略と政権戦略のいずれも「成功」を収めることで、総選挙におけるフォルタイン党の躍進へと道を備えることになったのである。

## 6　フォルタイン党の展開

さて急ごしらえの新党であるフォルタイン党の最大の問題は、候補者リストの作成であった。しかし立候補を志願する人々が殺到したことから候補者選定自体は迅速に進み、弁護士から元ミス・オランダに至るまで、多様な人材がフォルタイン党から出馬した。なかでも、反移民色の強いはずのフォルタイン党において、フォルタインに次ぐ名簿第二位にヴァレラという外国出身のビジネスマンが置かれたことは意外な印象を与えた。またキリスト教民主アピールや自由民主人民党などの党員だった有名人が出馬する例も多く、特に「すみよいオランダ」の候補者を辞退してフォルタイン党から出馬した候補者は八名にのぼった(Hippe et al., 2004)。このように候補者の顔ぶれは話題性には事欠かなかったが、資質に問題がある者も複数含まれており、セクハラ疑惑も選挙戦中に浮上した。

しかしこれらの問題にもかかわらず、フォルタイン党が支持率を急速に上昇させたのは、ひとえにフォルタインの派手な言動・行動がメディアの関心を集めたからにほかならない。選挙期間中の主要メディアにおける扱いをみると、フォルタインへの注目度は他のすべての筆頭候補者への注目度の合計をしのいでいた。彼はメディアにおける圧倒的な存在感を示すことで、世論の注目を一手に集めることができた。いわゆる「フォルタイン現象(Verschijnsel Fortuyn)」である。

フォルタイン党がフォルタイン離党直前の「すみよいオランダ」に匹敵する支持を獲得した背景には、「すみよいオランダ」の支持層をある程度フォルタイン党支持に取り込んだこともあった。「すみよいオランダ」とフォルタイン党は、男性・若年層・都市部に支持者が多く、重要課題として治安・犯罪問題を挙げる人が多いといった共通点を持っている(4)(van Praag, 2003)。実際二〇〇二年の二月以降、フォルタイン党が支持率を上げるのと並行して「すみよいオランダ」は支持率を激減させていった。

また選挙戦が後半に入ると、先述のように彼はそれまでの先鋭的な主張を和らげている。非合法滞在の外国人に対する滞在許可付与を認めたり、福祉削減の程度を緩和するなど、『紫連合政権八年の廃墟』の公約を弱める発言が目立つようになる。メディア政治研究者のクレインネイエンハイスらは、これをフォルタインの戦略の結果と解釈している。すなわちフォルタインは急進的な主張でメディアの注目を集め、コアとなる支持者を獲得した後に、主張を弱めることで穏健な層にも支持を広げ、同時に他の政党との連合にも道を開いたというのである(Kleinnijenhuis et al. 2003)。そうだとすれば、フォルタインの主張の「ぶれ」は、実は選挙戦略と政権戦略を兼ねる、効果的な政治戦略だったといえるだろう。

## 7 フォルタインの死と総選挙

総選挙まであと一〇日足らずに迫った五月六日、フォルタイン党の獲得予想議席は実に三八議席に達した。キリスト教民主アピールとの連立さえ実現すれば、フォルタインが首相となることも夢物語とはいえなくなっていた。そしてこの野望に最も近づいたかに思われる五月六日夕刻、ヒルフェルスムのメディアパークでラジオ番組の出演を終えたばかりのフォルタインは至近距離から銃撃され、まもなく死亡したのである。

この事件がオランダはもとより全世界に広く報じられ、強い衝撃を与えたことはいうまでもない。フォルタインを射殺したのは、当時三二歳だった白人男性であり、小規模な環境保護団体「環境攻勢協会」の熱心な活動家だった。彼は動物の権利擁護の運動などに携わってきたが、フォルタインとの直接の接点はなかった。ただ事件の前、環境保護運動に嫌悪感を示していたフォルタインが国政に登場することに対し、危機感を表明していたといわれている。また後に裁判では、フォルタインに「社会に対する危険」を見出したことが、殺害の理由であったと述べている。

こうしてフォルタインは、彼の敬愛してやまなかったケネディ大統領と同じように、その政治的栄光の頂点において凶弾に斃れることとなった。

唯一のリーダーを失ったフォルタイン党は大混乱に陥った。創設メンバーからは、党を解散させるべきという意見さえ出された。候補者名簿の順位六位であり、党のスポークスマンとして対外的な交渉に慣れていたヘルベン(M. Herben)が暫定的に党リーダーに就いたものの、主導権をめぐって直ちに対立が勃発する。

事件後、各政党指導者は一様にフォルタインの死を悼むとともに、投票日まで選挙キャンペーンを中止した。一部に選挙延期論も出るなか、五月一五日に決行された総選挙の結果は、またも驚きを呼び起こした。フォルタインの死にもかかわらずフォルタイン党の得票率は一七%に達し、一挙に二六議席を獲得したのである。また最大野党だったキリスト教民主アピールも前回の二九議席を四三議席に大きく増加させて第一党になる。前年末まで続いた党内対立を克服し、筆頭候補者に四六歳と若くアピール力のあるバルケネンデというカルヴァン派系理論家の人物を据えたこと、また紫連合に批判を持ちつつも、フォルタイン党に投票することをためらった有権者が多く流れ込んできたことが幸いしたとみられている。

また、最左派小政党の社会党が五議席を九議席に大きく伸ばしたことも興味深い。社会党は一種の「抵抗野党」であり、既成政治への強い批判という点では実はフォルタイン党と共通している。中道化した既成政党への不満、オランダ特有の妥協優先の政治への不満が、両極の政党への支持という形で分散したとみることもできよう。

他方、紫連合与党は合計九七議席中、四三議席を失う大敗北を喫した。労働党は四五議席を二三議席に、民主66は一四議席を七議席へとそれぞれ半減させ、自由民主人民党も三八議席を二四議席に減らしている。選挙後、労働党と自由民主人民党それぞれの筆頭候補者だったメルケルトとデイクスタルは、政界引退を表明した。なお、「すみよいオランダ」は二議席にとどまった。この二〇〇二年のオランダ総選挙の「民衆蜂起」(Bosscher, 2005)とも呼ぶべき大変動は、二〇世紀以降のヨーロッパ各国の選挙をみても数例しかない激しいものだった(Ellemers, 2004; Mamadouh and van der Wusten, 2004)。

容易に予想されることではあるが、フォルタイン党への投票者には他党にみられない顕著な特徴がある。有権者調査によると、彼らは既成政治に対してきわめて批判的である(政治家全般に対する不信感が強い)。紫連合政権に対する不満も強く、政策面では特に難民政策の厳格化を望む傾向が強い(Bélanger and Aarts, 2006)。しかもこのフォルタイン党への投票者の二七%は、その前回の選挙(一九九八年)で棄権したり、選挙権を持っていなかった有権者によって占められているが、これは他党に比べてかなり多い(van Praag, 2003)。また過去の選挙で投票していても、選挙ごとに投票政党を変える有権者もフォルタイン党の投票者には多い(Mamadouh and van der Wusten, 2004)。フォルタイン党は、それまで選挙に背を向けていた政治的不満層や、特定の政党に強い忠誠心を持たない浮動層の受け皿となることで、新たな支持層を開拓し、彼らを投票所へと足を運ばせて大量得票を可能としたといえる。各地の「すみよい」政党の出現、「すみよいオランダ」の設立と拡大によって喚起された既成政治・既成政党への批判が、フォルタイン党を通じて初めて国政で顕在化したともいえよう。

## 8　中道右派連立政権の成立

選挙後、連立の可能性を探る「情報提供者」に第一党のキリスト教民主アピールのドネルが任命される。フォルタイン党はヘルベンを議員団長に選出して態勢を立て直し、キリスト教民主アピールとフォルタイン党の二党を軸にして連立交渉が始まった。この展開は、フォルタインとバルケネンデの間に「不可侵条約」が結ばれ、両党が一種の協力関係にあったことの当然の帰結でもあった。そのため、フォルタイン党という不確定な要素の強い新党を含む交渉であったにもかかわらず、連立交渉自体はそれほど日数はかからず、この二党に自由民主人民党を加えた連立政権の発足が合意される。

こうして七月、バルケネンデを首相とし、ボムホフ(フォルタイン党)、レムケス(自由民主人民党)を副首相とするバルケネンデ中道右派内閣が成立する。新内閣はフォルタイン党の掲げてきた治安強化、移民・難民政策の転換といった諸政策を前面に出して前政権との違いをアピールした。閣僚数はキリスト教民主アピールが六名、フォルタイン党と自由民主人民党が四名ずつである。[5] フォルタイン党は特に外国人問題・統合担当大臣を占めたが、ここには元法務省官僚で、厳格な入国管理を主張してきたナウェインが就任する。

新政権は、いくつかの重要な点で紫連合政権とは異なった特徴を打ち出した。

まず移民・難民政策である。三党の合意した連合政権協定は、「移民の統合は困難を極めている」こと、異なる背景を持つ多数の移民の存在は「社会的・精神的分断」、孤立、そして対立や犯罪を引き起こす原因であるとの認識に立って、移民・難民の流入にブレーキをかけるべきことを明言した。まず移民の多くを占める家族招致移民に関しては、招致最低年齢(一八歳)の引き上げと最高年齢の引き下げで対象者をさらに限定する。また複数回にわたって配偶者・パートナーを招致することも制限する。招致者に所得制限を設け、貧困者の流入を抑止する。また、新たに入国する移民が受けるべきオランダ語・オランダ社会などに関する学習については、費用の半額を自己負担としたうえ、試験で一定レベルに到達することを永住権の条件とするよう提案している。難民に関しては、パスポートなど証明書類を所持しない難民の庇護申請の場合、一定期間以内に証明書類の提示がなければ申請を認めないという方針を示している。また庇護申請を拒否された者をはじめとする違法滞在者の取締りを強化し、従来みられたような自治体による違法滞在者の受け入れは認めないとする。

またフォルタインが批判した公共セクターの問題点に関しても、さまざまな対策が打ち出された。予算増額や捜査体制の一元化を含む治安体制の強化、教員給与の引き上げと差別化をはじめとする教育の立て直し、「患者本位」を掲げて競争原理を導入する医療・介護改革などである。

## 9　フォルタイン現象の衝撃

カリスマ的リーダーを失った素人集団のフォルタイン党自体は、これ以後内紛が激化する。まず二〇〇二年六月に党執行部と議員団の間の対立が頂点に達したことから、それ以降二人の副党首、そしてヘルベン議員団長が次々辞任に追い込まれ、党としての一体性を完全に喪失した。またフォルタイン党出身閣僚も、ボムホフ副首相を筆頭として物議をかもす言動・行動で批判を浴び、特に政権協定にない政策を次々口にしたことで、閣僚は政権協定の枠を超えることを発言しないよう、バルケネンデ首相が釘をさす始末となった。これ以後フォルタイン党は、凋落の一途をたどっていく。

ただフォルタイン党自体の帰趨は別として、フォルタインというポピュリストの躍進と死、新党フォルタイン党の政権参加というこの間の政治的激動が、オランダの政治社会全般に与えた影響は大きい。特にエリートデモクラシーへの正面切った批判が幅広い支持を得たことは衝撃を与えた。フォルタインによる既成政党批判が直撃した各政党は、何よりも一般国民にアピールできるリーダーを擁する必要性を痛感し、党員投票による党リーダー選出方式を導入するなど、党改革を進めざるをえなかった。また重要な政治的決定を行う場合にも、従来のような水面下の交渉ではなく、透明な手続きを経て決めるべきだという意識が高まった。この動きは、フォルタインによって閉鎖的と批判された、政労使エリートによるコーポラティズム的政策過程にも及んでいる。オランダのエリート優先の政治文化に、ある程度の変化を起こしたことは確かなようだ。

しかしその変化は諸刃の剣でもある。従来の「常識」を破り、移民問題を堂々と語るフォルタイン人気に圧迫され、それ以後の選挙戦では既成政党の側も移民制限・治安強化などを訴えるのが当然のようになっている。オランダの新聞はリベラルな傾向が強く、フォルタイン暗殺前には彼に対する批判的論調が強かったが、暗殺後、フォルタイン批判を行ってきた既成政治家やマスコミにも彼の死に対する責任があるという主張が強まる。「弾丸は左から来た」というのである。また労働党やグリーン・レフトなど、フォルタインに批判的とみられた政治家を中心として、脅迫文や嫌がらせメール、銃弾入りの封筒などが送りつけられる脅迫事件も相次いだ。表立ったフォルタイン批判が完全に影を潜めたのはいうまでもない。

あたかも「タブー」を破ることでさっそうと登場したフォルタインが、死して一種の

「殉教者」に祭り上げられることで、自ら「タブー」の対象となってしまった感もある。

そしてフォルタイン批判がタブー化するなかで、フォルタイン党が政権を離脱した後も、キリスト教民主アピール、自由民主人民党を軸とするバルケネンデ政権は治安強化や移民・難民政策の厳格化をはじめとする政策転換を推し進めていく。いわばオランダ政治の「フォルタインなきフォルタイン化」が実現していったのである。

## 第三節　バルケネンデ政権と政策転換

### 1　バルケネンデ政権の八年

さてフォルタイン党出身閣僚の問題行動や党内分裂が表面化し、内閣の一体性を大きく損ねたことから、キリスト教民主アピールと自由民主人民党の両与党はフォルタイン党との連立政権の継続は不可能であると判断し、二〇〇二年一〇月一六日、バルケネンデ首相は内閣総辞職を発表した。両与党の判断の背景には、内紛に明け暮れるフォルタイン党への世論の支持が激減するなかで、解散総選挙によってフォルタイン党の議席を減らす一方、両党で連立政権を樹立できるのではないかという期待があった。

二〇〇三年一月に行われた総選挙では、両党の目論見どおりフォルタイン党は議席・得票率をともに三分の一程度に減らす大敗北を喫した。フォルタイン党はこれ以後も内紛・分裂を繰り返し、最終的には解党する。しかし他方、キリスト教民主アピール、自由民主人民党の両党は、前回選挙でフォルタイン党支持に流れた有権者を一部ひきつけることで議席を増加させたものの(それぞれ四三から四四議席、二四から二八議席へ)、二党で過半数を握るまでには至らなかった。また労働党の復調は顕著であり、二三から四二議席を獲得し、キリスト教民主アピールに迫る勢いをみせた。

選挙後の連立交渉は、まずはそれぞれ議席を増やした第一党・第二党のキリスト教民主アピールと労働党を軸に開始された。しかしバルケネンデのもとで右派路線に傾斜したキリスト教民主アピールと労働党の政策距離は大きく、イラク戦争参加の問題、財政支出の削減の是非などをめぐる合意は達成されず、最終的にキリスト教民主アピール、自由民主人民党に中道左派の民主66(六議席)を加えた三党による第二次バルケネンデ政権が成立した。

このように成立した第二次バルケネンデ政権の歩みも、波乱に満ちたものであった。政権下では、二〇〇四年一一月にファン・ゴッホ殺害事件が起こり、二〇〇五年六月には、ヨーロッパ憲法条約の批准が国民投票で否決されるなど、政権の威信は大いに揺らぐ。

さらに第二次バルケネンデ政権のもとでは、中道左派に位置する与党民主66と、フォルタイン事件以後保守化の傾向を強めるキリスト教民主アピール、自由民主人民党との政策距離の大きさが目立ったことから、民主66はしばしば連立政権の波乱要因となった。そして二〇〇六年、民主66は最終的にバルケネンデと袂を分かち、連立は崩壊する。(6) 残された連立与党のキリスト教民主アピールと自由民主人民党は、総選挙までのつなぎ内閣としてバルケネンデを首班とする少数派内閣を組織し、第三次バルケネンデ政権が一時的に成立する。

二〇〇六年の総選挙では、またもキリスト教民主アピールが第一党となった。他方自由民主人民党は、かつて自由民主人民党を離党したウィルデルスによって結成された、新右翼色の強い自由党が選挙に参加して議席を獲得したことから、支持基盤が侵食されて低迷し、キリスト教民主アピール、自由民主人民党を主軸とする連立政権の継続は困難となる。また、キリスト教民主アピールと第二党の労働党の二党でも総議席の過半数に不足することから、両党にキリスト教色の強い小党のキリスト者同盟を加え、三党からなる第四次バルケネンデ政権が二〇〇七年に成立した。この政権は二〇一〇年まで継続する。

## 2　キリスト教民主主義政党の「自己革新」とバルケネンデ

このように政治的には動揺と内紛によって彩られてきたバルケネンデ政権であるが、それでもなおバルケネンデを首班とする内閣が八年にわたって継続し、一定の政策的な成果を上げたことは否定できない。その背景には、二〇〇二年、〇三年、〇六年と三度にわたる選挙でキリスト教民主アピールがバルケネンデを前面に出し、勝利を収め続けたことが大きい。一九九四年、九八年と選挙で惨敗を喫し、支持基盤の弱体化とあいまって政治の表舞台から姿を消す可能性さえ指摘されたキリスト教民主アピールは、バルケネンデという若いリーダーのもとで一定の自己革新を遂げ、しかも新しい支持層を開拓することにある程度成功した。そしてこの野党時代の党改革、とりわけイデオロギー上の再定義がバルケネンデ政権下の政策転換を支えていった（水島、二〇〇八bも参照）。

先述のように一九九四年に紫連合政権が成立し、キリスト教民主アピールは結党後初めて野党に転落する。そして選挙の大敗と下野の責任をとって党指導者のブリンクマンが政界を離れると、有力な指導者を欠いたまま、党内でカトリック―プロテスタント、ネオリベラル派―社会派などのさまざまな対立も表面化し、混乱状態が続く。多様な改革を打ち出して幅広い支持を誇る紫連合政権に対し、有力な対立軸を打ち出すことは困難であり、「既得権益擁護に固執する守旧派政党」、「古臭い農村部の党」としてのイメージを払拭できぬまま、一九九八年選挙ではさらに得票率を減らし、ついに二〇％を割る事態となった。

この状況下で、キリスト教民主アピールのシンクタンクや、都市部出身の若手党員らが中心となり、紫連合に対する対抗軸を摸索しようとする改革の動きが活発になってきた(Versteegh, 1999)。その理論的リーダーとして頭角を現したのが、バルケネンデである。アムステルダム近郊の自治体で議員を務めるかたわら、キリスト教倫理の研究者として著作活動も行っていた彼は、特に都市住民をターゲットとしつつ、キリスト教民主主義の再構築をめざすうえで適任者でもあり、二〇〇一年には議員団長に就任して党のリーダーとなる。

彼は紫連合下での自由化路線を批判し、行き過ぎた市場主義が社会の解体をもたらすとして警鐘を鳴らしたうえで、コミュニティの果たすべき役割を強調する。具体的にはボランティア団体、ＮＧＯ、社会的企業、学校などのコミュニティが重視される。

そのさい彼が強調するのが、コミュニティにおける「価値規範」の役割である。リベラルな傾向の強い紫連合政権下で価値相対主義がはびこり、オランダ固有の文化や規範が軽視されてきたとする立場から、彼はコミュニティの共有すべき「価値規範」の重要性を指摘し、社会における品位の復活(terugkeer van fatsoen)を訴える。「共通の価値を共有することは、コミュニティ感覚の前提」であり、この価値の共有があって初めて社会の統合が可能となる、と彼は主張する(Balkenende, 2002)。

特にバルケネンデにおいて特徴的なことは、この「コミュニティ重視」の主張が移民に対する厳格な政策に結びついていることである。彼は、コミュニティの基本にはメンバーによって育まれてきた価値規範があるとし、ユダヤ―キリスト教の伝統を背景にオランダ社会で形成されてきた価値規範の尊重を訴える。オランダにおける「民主的法治国家」の伝統、「自己開花」や「他者への関与」の重視といった価値を指摘したうえで、近年の個人主義の浸透や行き過ぎた「寛容」がこれらの価値規範を掘り崩し、オランダ社会を解体させる危険があると警告する。

とりわけ彼は、イスラム系移民がこれらのオランダ的価値を共有せず、社会的摩擦を起こしていること、しかも従来「寛容」の名のもとに彼らが独自の、非オランダ的な価値規範を保持することが認められてきたと批判する。彼は多文化主義や多文化社会といった概念に否定的であり、オランダ社会の価値規範をマイノリティが受容することがまず必要であるという。移民の「統合や共生」なるものは、彼らが「オランダの法治国家という出発点を受け入れること」、そして「オランダ文化の本質的部分」たる価値規範に自らを適応していくことによって初めて成立する。具体的には、移民を対象とした市民化教育の受講と一定の成績を収めることを滞在許可の条件とし、オランダ語やオランダの価値規範に関する教育を進めていくことなどが必要である。以上のように彼は主張し、フォルタイン党と歩調を合わせる形で移民政策の厳格化を正当化した。

バルケネンデはその著書において、家族や社会団体、「オランダ文化」などを重視する自らの立場を「コミュニタリアン的」と呼び、社会学者アミタイ・エツィオーニや哲学者アラスデア・マッキンタイヤといった著名な論者らとの共通点を強調している

(Balkenende, 2002)。一般的にコミュニタリアニズムが果たして移民・難民制限と理論的に結合するかどうかは議論の余地があろうが、少なくとも「個人主義的」紫連合への批判の軸として、彼はこの「コミュニタリアン的」姿勢を最大限利用して論陣を張った。

このような移民に対する厳しい姿勢は、二〇〇二年当時はフォルタインを除き、有力政治指導者のなかでは例外的な立場に属していた。その結果、キリスト教民主アピールはフォルタイン党による「移民に甘い既成政党」批判を免れることに成功する。そしてキリスト教信仰を前提にせず、一般化されたオランダ文化、オランダ的な価値をキリスト教民主主義の柱に据え、都市部住民や非信徒層をも包摂する「コミュニティ」を提示することで、従来の支持層の限界をある程度超えることに成功した。移民問題や治安問題に敏感であるものの、フォルタイン党のような急進的な政党への支持をためらう都市部住民にアピールすることで、都市部、特に若年層からの支持を集めることにも成功を収めたのである。

またこれと同時に、キリスト教民主アピールは労組など既成団体と距離を置き、かつてのような既得権益擁護の牙城というイメージの払拭にも努めていく。バルケネンデ自身が党のシンクタンクの出身で利益団体との関係が薄く、しがらみが少なかったこともこれを可能とした。この結果、キリスト教民主アピールは「老人・農村部・利益団体の党」からの脱皮をある程度果たす。そしてこのようなキリスト教民主アピール自身の党改革は、新たなターゲットを都市中間層に置いた結果、「移民政策については厳格、経済政策についてはネオリベラル」な方向へと党の政策をシフトさせ、バルケネンデ政権の基本的な路線を方向づけることとなった。

政治学者のヤウケ・デ・フリースは、フォルタイン旋風の吹いた二〇〇二年総選挙において、オランダ政治の「パラダイム・シフト」が生じたと述べ、二〇〇二年をオランダの歴史における「転回点」と呼んでいる。彼によれば、その結果成立した第一次バルケネンデ政権はごく短命であったにもかかわらず、その後の政権の基本的なアジェンダを決定づけたのであって、第二次以降のバルケネンデ政権は、そのアジェンダに適応していくだけであったという(de Vries 2006, 28)。

特にヤウケ・デ・フリースは、二〇〇二年七月三日に公表された、第一次バルケネンデ政権の連立協定となる「戦略協定(Strategisch Akkoord)」が、二〇〇三年に発足した第二次バルケネンデ政権の連立協定である「主要協定」にほぼそのまま受け継がれていったことを指摘する。実際、フォルタインの主張が色濃く反映され、戦略協定で最重要項目として掲げられた治安・ケア・教育・統合などの政策分野は、第二次バルケネンデ政権においても重点的に扱われた。特に移民・マイノリティに関しては、フォルタインの主張を反映した厳格な移民規制・移民統合が進められている。フォルタイン党の事実上の解体、政権離脱を経てもなおフォルタインのもたらした衝撃は大きく、他党の「フオルタイン化」を進め、キリスト教民主アピール、自由民主人民党の政策にも多大な影響を与えたのである。

### 3　移民政策の転換

バルケネンデ政権下の移民政策においては、一九九〇年代までのオランダの政策を特色づけてきた「多文化主義」と決別し、「市民化」という名の統合政策によって、オランダ社会・オランダ文化への統合を強調する姿勢が明確である。従来のようにオランダ文化と他の文化を並列するのではなく、歴史的に形成されてきたオランダ文化の「本質的な特徴」を学んでいく必要があるというのである(Nekuee and Top, 2006, 148)。そこで移民に対して求められるのは、何よりもまずオランダ語を習得し、オランダ社会の価値観を身につけることであり、移民は自己の責任においてこの「市民化」を進めていかなければならない。

第二次バルケネンデ政権で移民政策の厳格化を中心となって進めたのは、司法省で監獄・矯正施設行政などを担当した経歴を持つリタ・フェルドンク外国人問題・統合担当大臣(自由民主人民党)である。彼女は「鉄のリタ」との異名をとって、バルケネンデ内閣の掲げる移民・難民政策の転換を象徴する人物となった。

まず、二〇〇六年三月に施行された「外国における市民化法」は、結婚や家族招致などでオランダに入国する移民に対し、入国以前にオランダ語と「オランダ社会に関する知識」の試験を受けることを義務づけている。移民を希望する者は、自弁でオランダ語などに関する学習を行ったうえで、自国のオランダ大使館で試験を受けることになる。特にホスト国の社会についての知識を要件としたことは、国際的にも例外的だった。入国希望者らは「Nederland の意味は何か」(正解は「低い土地」)、「オランダの首都はどこか」(正解は「アムステルダム」)といった質問に答えるべく、相当の時間を勉強に割くことが求められている。これにより、彼らの「入国後の統合プロセスが円滑に進む」ことが期待されるという。

次に、二〇〇七年一月に施行された新「市民化法」は、すでにオランダに定住している移民も含め、オランダ在住の外国人に新たに「市民化義務(inburgeringsplicht)」を課すものであり、これによりオランダの移民政策の厳格化は新たな局面を迎えた。この法律により、継続的にオランダに居住する一六歳以上六五歳以下の外国人は、オランダで義務教育を八年間受けた場合などを除いて、基本的に全員がこの市民化義務に基づき五年以内に市民化試験の合格を求められることになったのである。(7) しかも市民化試験の準備のために受講する講座の費用は自弁であり、三年以内に試験に合格した場合にのみ費用が払い戻されるとされた。

以上のような政策転換の結果、以後オランダに移住する移民は、まず「外国における市民化法」により本国で試験を受けたうえで、入国後も「市民化義務」に基づいて市民化試験の合格に努めなければならない。二段階の関門を突破することで、ようやくオランダの「市民」として公的に認知されることになるのである。ただ留学生や有期雇用労働者、欧米諸国出身者などは入国前の試験を受ける義務が免除されている。主たるターゲットはやはりイスラム諸国出身の移民であり、オランダで生まれた移民二世・三世と結婚することによって本国から移住してくるイスラム教徒女性などが念頭に置かれている。「オランダ社会に関する知識」の試験には、単純に知識を問う問題のみならず、オランダ的な「価値規範」を前提とする問題も含まれている。移民に「市民化」を迫ることで、「市民化」を望まない、あるいはその能力がない者には市民権を与えない、という姿勢が明確に現れている(ただしトルコからの移民については、裁判所の判決を受けて二〇一一年に市民化の義務が免除された)。

不法就労者や不法滞在者に対する取締りも格段に強化された。不法就労者を雇った企業は一人あたり八〇〇〇ユーロ(日本円で一〇〇万円強)の罰金が課されることになり、労働監督署による摘発が相次いでいる。

## 4　移民の「選別」の開始

他方で、「歓迎すべき」外国人に対しては、むしろその流入を容易にする政策が進められている。

そもそも経済のグローバル化と産業構造の変容のもと、ヨーロッパ各国では質の高い人的資源への需要が高まっており、国際競争力の強化に貢献する技能移民については移入を促進する、選別的な移民政策への転換が進んでいる(久保山、二〇〇五)。オランダでも二〇〇四年、一定額以上の賃金所得(四万五〇〇〇ユーロ以上)を得る見込みのある外国人については、「知識移民(kennismigrant)」として他の外国人と区別したうえで、手続きの省略、滞在期間の延長などの優遇措置が導入された。また知識移民を雇う使用者には雇用許可申請を不要とすることで、使用者・労働者のいずれにも魅力的な制度となっている。

一般の移民や難民、不法就労者に対する規制を大幅に強化する一方、多国籍企業のエリート社員のような、オランダに有能な人的能力と税収をもたらす人材の入国を促進することで、移民の「選別」が進んでいるのである。

二〇一〇年のデータをみると、滞在許可者(約五万六〇〇〇人)のうち一割強(約五九〇〇人)をこの「知識移民」が占めている。出身国でみればインドやアメリカ、中国、ブラジルなどが多く、IT産業、製造業、大学などの研究機関に勤務する例が目立っている。なおEUレベルでは、「ブルーカード指令」(二〇〇九年)により、高度専門技術者への優遇措置が規定された。

また難民政策についても厳格化が進んでいる。オランダでは一九九〇年代に難民流入が増加し、年間数万人に及ぶ難民申請者が国内に入っていたが、これがフォルタインらの厳しい批判を招き、バルケネンデ政権下の政策転換を招くこととなった。特に物議をかもしたのは、二〇〇一年四月一日(新外国人法施行)以前に入国し、難民認定を拒まれた難民申請者(最大二万六〇〇〇人)を三年以内に送還する法案が二〇〇四年二月に可決されたことであった。近年西欧各国の難民政策が厳格化するなかでも、すでに五年以上にわたって居住する難民申請者の送還に踏み切るのは例外であり、オランダでも人権団体、教会系の難民支援団体などが強い反対運動を展開した。ただ二〇〇六年選挙で自由民主人民党が敗北し、フェルドンクが外国人問題・統合担当大臣を外れ、代わって移民・難民政策に相対的にリベラルな態度をとる労働党が政権入りした結果、この難民政策にも修正が施されて、三万人近い難民申請者には滞在許可が与えられることとなった。しかし、このオランダ政府の難民政策の転換は国際的にも大きく知られるところとなり、難民申請は二〇〇〇年代初頭と比較すると大幅に減少した(**図2**参照)。今もオランダでは、難民認定を拒まれた人々の強制送還をめぐる問題が日々メディアを賑わせている。

都市レベルでの政策転換も顕著である。ロッテルダムでは、市内の特定の地域への転入に所得基準を課す、いわゆる「ロッテルダム法」(二〇〇六年)によって、低所得者の流入を合法的に阻止するという異例の政策が導入された。「すみよいロッテルダム」のパ

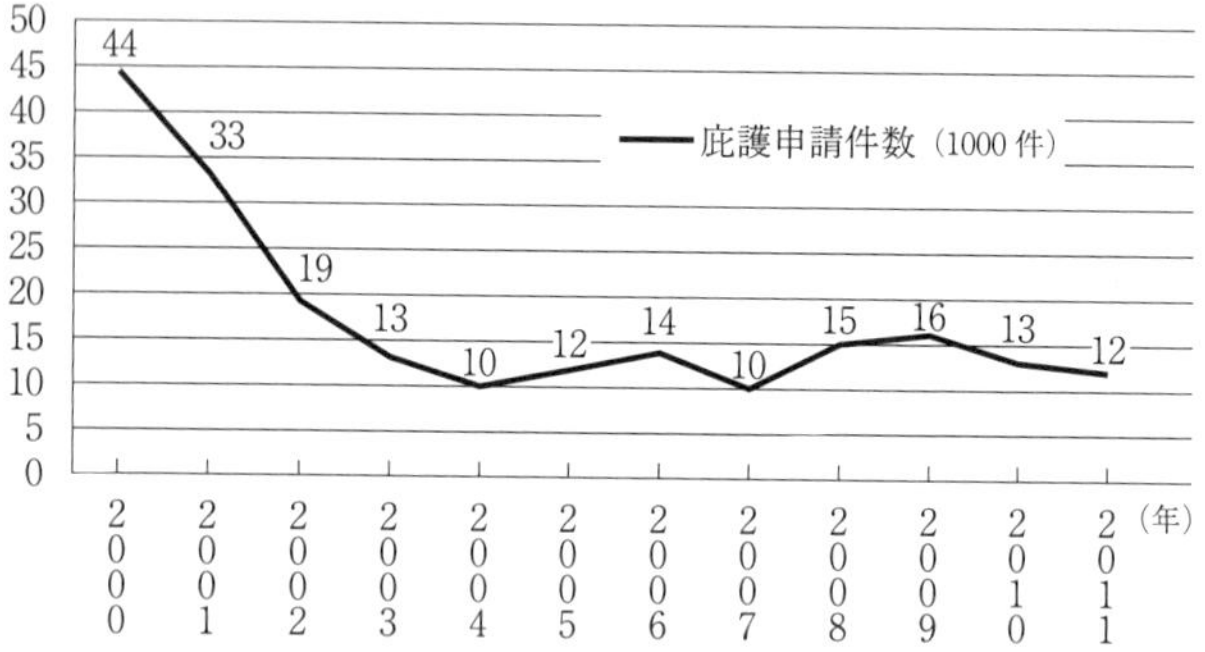


出所：CBS, *Statline*

**図2**　オランダにおける2000年以降の庇護申請件数

ストールスを副市長として市執行部入りさせた「すみよいロッテルダム」の要求が契機となって成立したこの「ロッテルダム法」は、当該地区への転入者が「就労に基づく所得」を得ていることを求めており、基準に適合しない場合には市当局は転入を拒否することができる。特定の地区として指定されたのは、市内の四地区および一部の街区である。この規定により、生活保護・失業保険・就労不能保険などの給付受給者が転入することが困難となった（ただし市内や近郊からの転入者については、所得基準は適用しない）。実際、二〇〇九年に行われた政策評価においては、同法が適用されたことにより、指定地区における生活保護受給者の比率が顕著に低下し、住民の「自立度」が改善していることが指摘された。二〇〇六年から二〇〇九年の三年間で、指定地域では生活保護受給者が約三割の大幅な減少をみたという（ロッテル

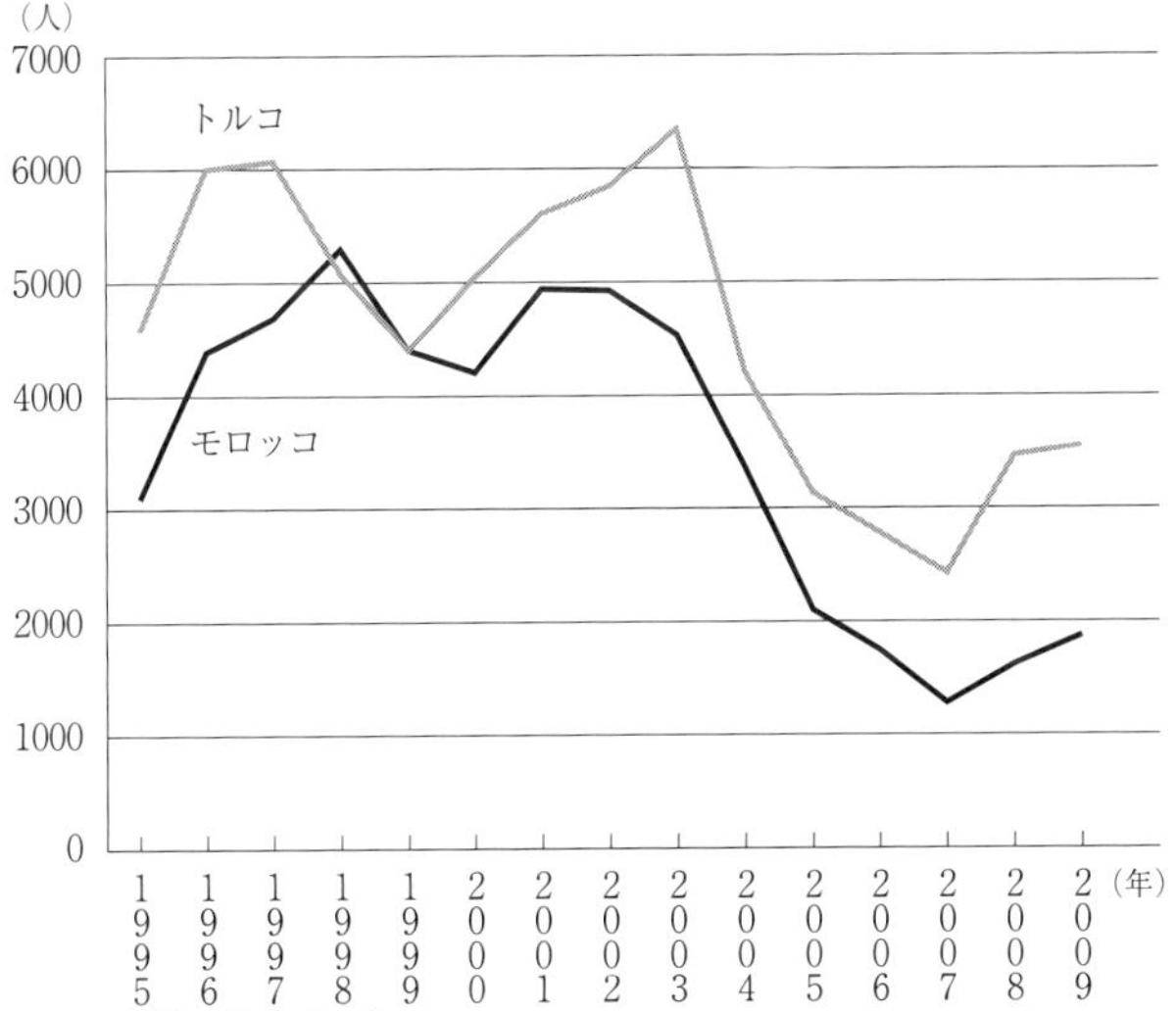


出所：CBS, *Statline*

**図3**　トルコ・モロッコからオランダへの移民数の変化

ダム全体では二割減少）(Gemeente Rotterdam, 2006-2009)。

　このようにバルケネンデ政権下では、オランダ語能力やオランダ社会への理解度、経済的な「自立」度といったさまざまな制限を設けて、移民の流入に網がかけられた。これらの政策により、**図3**で明らかな通り、トルコやモロッコからの移民は大幅に減少した。特に結婚にともなう移民の減少が著しい(CBS, 2010, 51)。その結果、二〇〇〇年から二〇一〇年までの一〇年間をみると、国内のトルコ系、モロッコ系住民の人口のそれぞれの増加率はそれぞれ二四％、三三%にとどまっており、一九九〇年代の増加率(それぞれ五二%、六〇%)を大きく下回っている。むしろ大幅な増加を示したのは、EU加盟を果たしたポーランドをはじめとする旧東欧地域や、アフガニスタン、イラクといった紛争地域からの流入である。二〇一〇年には外国系市民の総数自体は三三六万人に増加し(CBS, 2010, 32)、オランダの人口一六五八万人の二〇%を占めるに至った。

## 5　社会文化政策

このようにバルケネンデ政権は、オランダ社会の「価値規範」の強調を背景に移民・難民政策のドラスティックな転換を主導し、一種の「パラダイム・シフト」を生ぜしめたといえるが、同時にこの「価値規範」を育んできたオランダの歴史を人々が学び、国民の共通財産として再認識していくことの必要性を訴え、文化教育政策を推進した。

その典型がオランダ史の「基本的事項表(canon)」の制定である。政府の委託を受けて歴史学者らが案を作成し、二〇〇七年夏に最終版が確定した。この「基本的事項表」にはオランダ史を代表する人物(アンネ・フランクなど)や事象が時代順に五〇点掲載されており、小中学校の必修項目として生徒に教えることが義務づけられた(8)。

ただ、「モラルの復活」を訴えるバルケネンデの主張に関してみると、具体的な「モラル」を政策内容として組み込む点については、実質的な進展はあまりみられなかったといわれている。特に第二次バルケネンデ政権で連立を組んでいた自由民主人民党と民主66は、政府が何らかの特定のモラルや価値を設定することには慎重であった。彼らは、啓蒙の伝統に基づく寛容・自由といった一般的な価値を政府が擁護したり、自国の文化・歴史に対する愛着を育成することには賛成しつつも、それが何らかの具体的な価値規範や行動準則――たとえばキリスト教民主アピールの政治家がしばしば示唆するような、青少年の性行動に関するルール設定など――に結びつくことには批判的だった。

また、市民生活への介入という点では、むしろテロ対策や市民サービスの名のもとで治安対策が大幅に強化され、市民に対する管理が進行したことが指摘できる。二〇〇五年一月より、一四歳以上の全住民には身分証明書の提示が義務づけられ、警察官などによる提示要請に従わなかった場合には五〇ユーロの罰金が課されることとなった。生体認証パスポートの導入、公的機関で手続きなどを行うさいに共通して用いる九桁の「市民サービスナンバー」の導入など、市民の識別管理も進んでいる。公共交通機関における監視カメラは大幅に増加した。同様の治安強化が九・一一以後、他の西洋諸国でも進行しているとはいえ、イギリスの人権団体であるプライバシー・インターナショナルによると、いまやオランダはイギリスなどに次いで、ヨーロッパ諸国で最もプライバシー保護が遅れている国に位置づけられるという。管理強化に対する有効なチェック体制を欠いたまま、オランダでは政府の措置により市民管理が一方的に強化されているのである。

二〇〇二年以後のオランダでは、確かにエリート・カルテルを脱し、一般大衆に開かれた民主的統治に向かう傾向がみられるものの、他方では、フォルタイン批判は封印され、「価値規範」の名のもとに移民の排除が進み、市民管理が浸透するなど、新たな「不寛容」が生じつつある、との印象もぬぐえない。そしてこの動きをいっそう強めたのが、二〇〇四年のファン・ゴッホ殺害事件であった。

## 第四節　ファン・ゴッホ殺害事件

### ――テオ・ファン・ゴッホとヒルシ・アリ

### 1　映画『サブミッション』

二〇〇四年一一月二日、イスラムの女性差別批判を主題とする映画を作った映画製作者のテオ・ファン・ゴッホ(Theo van Gogh)が、モロッコ系移民二世のオランダ国籍を持つ男性に殺害された。アムステルダム東部の人通りの多い通りで自転車に乗っていたファン・ゴッホは、待ち構えていた男に狙撃され、逃げ切れず殺されたのである。ファン・ゴッホは、オランダを代表する画家であるフィンセント・ファン・ゴッホの弟テオ・ファン・ゴッホのひ孫としても知られる。この血なまぐさい事件はフォルタイン殺害事件に続いてオランダ内外に強い衝撃を与え(**写真3**)、イスラムをめぐる政策や議論に大きな影響を与える結果となった。

この映画は、もともとソマリア出身の若手下院議員であるアヤーン・ヒルシ・アリ(Ayaan Hirsi Ali)の提案で作られたものである。「フォルタイン以後」のオランダにおけるイスラム批判を象徴する政治家として、彼女の存在は忘れることができない。そこで以下ではまず、ヒルシ・アリの経歴と行動についてみてみたい。

**写真3**　アムステルダムの公園に設置されたファン・ゴッホ追悼モニュメント

ヒルシ・アリは、一九六九年、ソマリアのモガディシュに生まれた。本来の名前は、ヒルシ・マガン(Hirsi Magan)という。彼女の父は、独裁的な統治に反対するイスラム系反政府運動の指導者の一人でもあったが、そのために彼女は家族とともに一九七六年以降、周辺諸国を転々とする生活を送る。二〇歳過ぎまで、彼女はむしろイスラム信仰に忠実な女性であったという。

転機となったのは、一九九二年一月、父親によってカナダ在住の同じ部族の男性と結婚を強いられたことだった。カナダに向かう途中、ドイツのフランクフルトで彼女は「脱走」し、オランダに入国して難民申請を行った。そして難民センターでオランダ語の学習に励むかたわら、移民関係のボランティア活動にも取り組んでいたが、その過程でイスラムにおける女性差別の問題に気づき、イスラム信仰を離れることになったという。彼女は髪を覆うスカーフを外し、自転車に乗り、かつての自分と完全に決別する。オランダ語を習得した彼女は、ライデン大学に入学して政治学を専攻し、卒業後は労働党のシンクタンクに研究員として就職する。

しかし、多文化主義志向の強かった当時の労働党において、彼女の立場は明らかに異質だった。マイノリティのアイデンティティを重視する多文化主義では、イスラム移民のオランダ社会への統合は不可能だと考えるヒルシ・アリは、イスラム系の学校の閉鎖をはじめとする急進的な主張を展開して労働党の公式見解と衝突し、孤立する。ここに目をつけたのが自由民主人民党であり、彼女は労働党を離党して自由民主人民党に入党し、二〇〇三年の下院議員選挙に出馬して当選を果たす。

議員となったヒルシ・アリは、イスラムをめぐる問題、とりわけムスリム女性の権利擁護の問題を積極的に提起した。そしてオランダに帰化した元ムスリムの若い黒人女性という異色の経歴もあり、メディアの注目を集めるようになった。

特に彼女は、アートを用いてイスラムの女性差別批判を世論に訴える方法を模索する。彼女は博物館に協力を求めたが、イスラムを直接批判する展示には賛同が得られず、思案していたときに出会ったのが、ファン・ゴッホだった。アムステルダムの知人宅で知り合った二人は、イスラム批判を軸に交友を深める。そして彼女は二〇〇四年五月、アムステルダムのファン・ゴッホ宅を訪れ、イスラムの女性差別を告発する映画作品の製作を提案したのである(Chorus and Olgun, 2005, 35–38)。ヒルシ・アリの周囲の人物は、ほとんどがこの映画製作に反対したが、彼女が脚本を書き、ファン・ゴッホが製作することで、『サブミッション(*Submission:* 服従)』は着々と完成に向けて進んでいく。ヒルシ・アリとファン・ゴッホは、イスラム批判を主張していた以上に、その発言スタイルも共通していた。

文筆家や映画製作者として活躍し、高い知名度を誇っていたファン・ゴッホも、ヒルシ・アリ同様、大胆な発言で物議をかもす存在であった。彼の背景にあったのは、活躍の舞台となったアムステルダムの都市文化だったといわれる。一九七〇年代、さまざまな社会運動、学生運動の舞台となったアムステルダムで彼はカウンター・カルチャーの洗礼を受け、当時「新左翼」グループが党内権力を掌握して左傾化の著しかった労働党に入党した。特に彼の発想を特徴づけていたのは反権威主義であり、王制や宗教といった旧来の権威を強く批判した。後に彼は、イスラムの厳しい批判者となり、またフォルタインの有力な支持者となるが、その彼の考え方の背後には、かつてのオランダの社会において支配的役割を果たしてきた、宗教に対する強い嫌悪があったのである。また王制が多くの国民の支持を得ているオランダでは少数派である共和主義の立場をとり、「挑発屋」「急進的リバタリアン」と自称しつつ、映画や舞台といったアートによる表現方法を用いて、既成の権威をからかいながら批判した(Eyerman, 2008, 10)。

二〇〇四年八月、映画『サブミッション』が、オランダの公共放送で放映された。イスラム世界における女性蔑視・女性虐待を告発したこの映画は、一一分の短編映画であったが、女性の裸体にコーランの文字を描き出すことでコーランが女性への暴力を正当化していることを訴える、挑発的な手法をとっていた。この映画は賛否両論を巻き起こし、二人への脅迫も相次ぐ。そこでヒルシ・アリは身の安全を考えて完全警護状態に移ったが、ファン・ゴッホは通常通りの生活を続け、一一月二日の悲劇を迎える。

## 2　モハメド・ブエリ――移民二世の青年の急進化

ファン・ゴッホを殺害したのは、モハメド・ブエリ(Mohammed Bouyeri)という二六歳の男である。彼の父親はモロッコ出身であり、一九六五年に移民労働者としてオランダに移住する。後に同じモロッコ出身の女性と結婚し、モハメド・ブエリらが生まれた。

この家族はモロッコにも家を持ち、家庭内ではベルベル系の言語を話すなど、モロッコとのつながりは密であり、モハメド自身もモロッコとオランダの二重国籍者であった。彼の育ったアムステルダムの地区もモロッコ系移民が多く、学校にも多数のモロッコ系の生徒が在籍していた。内気ではあったものの、勉学への意欲を持っていた彼は、高校卒業後、会計士をめざして高等専門学校に進学する。社会的関心も強く、仲間内では一目置かれた存在だった。仲間から勧められればドラッグをのむこともあり、モスクに定期的に通う信仰者ではなかった。むしろ一見すれば、彼は移民二世のオランダ社会への統合の、「模範例」ともいえる存在だったのである。

しかし他方、彼は二〇歳になる直前ごろから、数度にわたっていざこざから暴力沙汰を起こしている。特に二〇〇一年七月、二三歳の夏には、アムステルダムのフォンデル公園でナイフを使って知人や警察官に暴力を振るったかどで逮捕され、禁錮一二週の刑を宣告された。高等専門学校も中退する。

この二〇〇一年前後が、彼の転機となったようである。この時期、母親が病気で死んだこと、また自ら述べるところでは獄中で「コーランに沈潜した」ことなどがきっかけとなって、彼は急進的なイスラム信仰に傾倒していく。タバコや酒を断ち、容姿・服装を大きく変貌させ、モロッコ系の友人たちを堕落しているとして咎めるようになる。

また地域活動に関心のあった彼は、新たな青少年施設を設置するよう政府に補助金を申請するが、拒否される(Eyerman, 2008, 58–59)。この件をめぐって強い怒りをあらわにした彼は、オランダ社会からの疎外感を強く意識するようになり、発言内容も反オランダ・反西欧的な方向に転回していく。「この社会はどこかおかしい」、「ムスリムは真面目に扱ってもらえない」と彼は不満を表明していたという。

彼がイスラム急進派と接触したきっかけは、アムステルダムの急進的モスクとして知られていたアル・タウヒードモスクである。彼は、両親の通っていた穏健なモスクと訣別してアル・タウヒードモスクに出入りするようになり、二〇〇二年の秋、ここでアブ・カーレド(Abu Khaled)と呼ばれていたシリア出身の指導者に出会う。アブ・カーレドは一種のカリスマを備え、オランダに住む多数のイスラム系の若者たちの心を捉えることに成功した指導者であり、自爆テロを殉教と称える彼のもとで、ジハード戦士として紛争地域に赴こうとする若者さえ出てきていた。

モハメドはアブ・カーレドに心酔して師と仰ぎ、自宅で彼を囲んでコーランを読む集会を開催するようになる。ここには一〇名弱の若者が集ったが、全員がモロッコ系であった。モハメドを含め、ほとんどの若者は定職を持たず、生活保護等によって暮らしていた。モロッコ移民の若者たちが、オランダで差別されていると意識するなかで、宗教にアイデンティティを求める傾向にあることはしばしば指摘されるが、まさにアブ・カーレドは「アイデンティティと意味付与」を求める若者の願いに応えることができる、カリスマ的なリーダーだったのである(Chorus and Olgun, 2005, 71)。

二〇〇三年から翌年にかけて、アブ・カーレドの影響を受けてモハメドはいっそう急進的な思想を抱き、オランダの政治体制そのものの転覆の必要性を確信する。彼によれば、オランダ政府は、イスラムの敵であるイスラエルやアメリカを支援しており、そのオランダ政府を支持するオランダ国民は倒すべき存在である(Chorus and Olgun, 2005, 83-84)。二〇〇四年夏からは、彼は同じモロッコ系の急進派ムスリムが立ち上げたインターネットサイトコミュニティのメンバーとして発言を行うようになったが、このサイトではヒルシ・アリの動向などが詳しく報じられていたという。

八月末、『サブミッション』が放映されると、モハメドの仲間たちは強い怒りをサイトで表明し、ヒルシ・アリとファン・ゴッホの二人を標的として明示するとともに、ヒルシ・アリについてはハーグの住所を突き止めて公開し、ヒルシ・アリに「必ずや死がもたらされるだろう」と宣言した。

モハメド・ブエリの本来の標的も、ファン・ゴッホではなく、「背教者」ヒルシ・アリだった。しかし完全警護に置かれたヒルシ・アリを襲うことは困難だったこと、『サブミッション』放映以後、ファン・ゴッホがメディアで注目を集めていたことから、九月後半には、ファン・ゴッホを襲うことを決意していたようだ。一〇月になると彼は、ひそかに入手したピストルの練習に励むとともに、犯行現場となる市内東部のリナウス通りに数度にわたり足を運んで、様子を窺っていた。

## 3 「ソーシャル・パフォーマンス」としてのファン・ゴッホ殺害

一一月二日早朝、アムステルダム西部の自宅を出た彼は、リナウス通りに向かい、そこでファン・ゴッホを待ち受けた。リナウス通りは市電も走る、交通量の多い賑やかな通りである。八時半過ぎ、ファン・ゴッホが自転車で通りかかるのを発見したブエリは、ファン・ゴッホを追いかけ、ピストルを発射する。逃げ切れずに倒れたファン・ゴッホは「やめろ！　撃つな！」と叫んでモハメドを制止したものの、モハメドはファン・ゴッホに銃弾を浴びせかけ、少なくとも七発が命中し、彼は息絶えた。

奇しくも殺害現場は、モハメドが生まれたドムセラール通りのすぐ近くであった。

ファン・ゴッホの身体につき立てられたナイフに添えられていた紙には、「アヤーン・ヒルシ・アリへの公開状」と題する、モハメド・ブエリの宣告文が書かれていた。そのなかで彼はヒルシ・アリを、イスラムに害悪を及ぼし、ユダヤ人に仕える裏切者とみなして断罪する。「オランダよ、お前が破滅することは確かだ。ヒルシ・アリよ、お前が破滅することは確かだ」。

ファン・ゴッホ殺害後、モハメドは北に向けて逃走を図るが、駆けつけた警察官らと撃ち合いとなり、脚に銃弾を受けてようやく逮捕された。彼のポケットからは、遺書とおぼしき文章が発見された。「血による洗礼」と題するその遺書において彼は、自らの仕業をアッラーによって嘉《よみ》せられた聖なる行為として正当化する。彼は自らを、いわばイスラムの大義に殉じる殉教者の一人として位置づけていたのである。

ブエリの逮捕に引き続いて、彼につながるホフスタットグループと呼ばれたイスラム系グループのメンバーも、相次いで摘発された。ハーグでは、逮捕にかけつけた警察官に手榴弾を投げて負傷させる事件も発生した。他方、師と仰がれたアブ・カーレドは殺害事件当日の一一月二日、ブリュッセル経由でトルコに出国している。

なお、オランダの治安当局は、ホフスタットグループの存在についてすでに把握しており、モハメドが「原理主義的な傾向を強めている」ことも調べ上げていた(Chorus and Olgun, 2005, 201)。盗聴も行っていたが、モハメドの具体的な計画については確認できず、事件の発生を許す結果となった。

ブエリは審理のなかで、やはりイスラムの大義に殉じる自らの使命について滔々と語り、最終的に終身刑に服することになる。「私は信仰から行動したのだ、もし相手が自分の父や弟であったとしても、私は同じことをしただろう……私は純粋に信仰のみによって動かされたのである」と彼は主張した(Chorus and Olgun, 2005, 71)。

アメリカの社会学者のエイエルマンは、このファン・ゴッホ殺害事件を分析した研究書において、この事件をモハメド・ブエリによって演じられた一種の「ソーシャル・パフォーマンス」とする解釈について触れている。人通りの多い街路が舞台として選ばれたこと――目撃者の数は五三名にのぼった――、宗教儀式を髣髴とさせるナイフの使用、詩的な表現を多用した遺書など、彼は絶大な演出効果をもくろみ、事に及んだというのである。「彼は自分がしていること、そして彼の行動が引き起こすであろう解釈を知っていた」(Eyerman, 2008, 13-14)。フォルタイン殺害事件のときにはなかった周到な計画を立てることによって、彼は殉教者としての自分の姿を歴史にとどめようとした、といえようか。

この事件は、フォルタイン殺害に並ぶ衝撃をオランダ社会に与えるとともに、国際的にも広く報道された。そしてこの事件の後、モスクやイスラム系学校への脅迫・放火などの事件が相次いで生じるなど、社会的な動揺が広がった。

エイエルマンは、ファン・ゴッホの殺害は、オランダ社会が自明としてきた価値観を根底から揺るがした事件と捉える。「オランダ人」とは何か、「オランダ的」とは何か、といった根本的な問題提起を促し、従来の自明だった考え方を揺るがした事件だったというのである。

この事件後、ヒルシ・アリに対する注目はいっそう高まった。しかし二〇〇六年、彼女は思わぬ騒動に巻き込まれ、オランダ政界を離れることとなる。彼女がかつて国籍取得のさいに虚偽の内容を申請していたことが公になると、フェルドンク外国人問題・統合担当大臣(自由民主人民党)は、厳格な難民政策を進めてきた立場上、ヒルシ・アリの国籍取得を無効とせざるをえないと言明する。これを受けてヒルシ・アリは議員を辞職し、オランダを出国してアメリカに向かった。この件は国際的に報道され、また彼女は以後もイスラム批判者として国際的に活躍の場を広げていくことになるが、オランダ政治に対する影響力は事実上消滅した。

## 第五節　ウィルデルス自由党の躍進

### 1　ウィルデルスの登場

このような政治的・社会的な動揺が続くなかで、反イスラムを前面に掲げ、いわばフォルタインの後継者として頭角を現してきたのがウィルデルス(Geert Wilders)である(**写真4**)。そして二〇〇六年選挙から現在に至るまで、オランダ政治はまさにウィルデルスを軸として動いてきたといっても過言ではない。

ウィルデルスは一九六三年、オランダ南部の小都市フェンローで生まれた。冒険心の強い彼は、一〇代後半にすでにイスラエルを含む中東地域を長期にわたり旅行して見聞を広めており、このときの経験が、後の彼のイスラム批判や親イスラエルの主張の基礎となったと思われる。オランダの放送大学で法律を学び、一九八八年から社会保険協議

**写真4**　ウィルデルス（提供＝AP／アフロ）

会の職員となったが、典型的なコーポラティズム的機関である社会保険協議会の内実をつぶさにみた彼は、労使が結託して身内をかばうコーポラティズムの実情に強い失望を覚え、現状を変える志を持って政治に参入することを決意したという。彼が選んだ政党は、やはりコーポラティズムに批判的な自由民主人民党だった。彼は一九九〇年に自由民主人民党の下院議員団の補佐となり、九八年には自ら下院議員に当選する。

　内政・外交における保守的な姿勢、コーポラティズムや移民をめぐる批判的な立場など、自由民主人民党はウィルデルスにとっては最も居心地のよい政党のはずであった。しかしウィルデルスは、移民問題やトルコのＥＵ加盟問題などをめぐって党執行部と対立したばかりか、執行部や党内有力者に従順な党文化そのものを批判し、次第に党内で孤立する。自由民主人民党といえどもコンセンサスを重視するオランダ政治の伝統のもとにある政党であり、彼の挑発的な論争スタイルを受け入れる余地は少なかった。彼は自身の体験をもとに、ハーグのオランダ政界そのものの限界を指摘する。「ハーグとは……批判的な行動に罰を与えるシステムのことだ。……議員団の立場に全面的に忠誠を誓い続ける限り、十分な見返りがあるだろう。……党エリートのいうことをしっかり聞いていれば、大臣の椅子も与えられるというものだ」(Wilders, 2005, 34)。彼は自由民主人民党のみならず、オランダ政界全体に巣食う事なかれ主義、上位者への盲従を批判した(9)。

二〇〇四年夏、ウィルデルスは、トルコのEU加盟を否定する彼の主張の撤回を党執行部から求められ、拒否する。執行部との交渉は決裂し、最終的には彼は離党し、一人会派(ウィルデルス党)を設立するに至った。ウィルデルス党は二〇〇五年に『独立宣言』(Wilders, 2005)を発表し、イスラム批判などを柱とする大胆な政策を並べてメディアの注目を一手に集めるようになる。

ウィルデルスはそのイスラムをめぐる発言により、ヒルシ・アリと同様、さまざまな脅迫のターゲットとなった。そして二〇〇四年一一月二日にファン・ゴッホ殺害事件が発生すると、ヒルシ・アリと並んで次なるテロの対象と目されるウィルデルスの警護は最高レベルまで引き上げられ、軍の基地に匿われて日々の生活を送ることを余儀なくされた。

## 2 ウィルデルスのイスラム批判

ウィルデルスはなぜイスラムを徹底的に批判するのか。二〇〇五年に出版した『自由への選択』において彼は、イスラムを「民主主義と相容れない」ものと規定し、紙幅を割いてイスラムをめぐる「問題点」を説明したうえで、物議をかもす政策を打ち出している(Wilders, 2005)。

彼が主張する第一の問題点は、イスラムにおける政教分離の欠如である。彼によれば、イスラムは、それ自身が一つの政治秩序たらんとする宗教であって、政治と宗教の分離はそもそも想定されない。コーランが市民社会の律法として啓示された以上、政教分離はイスラムの根本教義を否定するものとなる。イスラムが政治化するのは必然であって、他宗教やイスラムを離れた者たちへの攻撃は厳しくならざるをえない。いうなればイスラムは、ユダヤ―キリスト教および古典古代以来の、政治と宗教の相互に自立的な関係という伝統をくつがえそうとする後向きの宗教である。「リベラルなイスラム」はありえない、と彼はいう。公職者のスカーフ着用は禁止すべきであり、オランダの「価値規範」を共有しないイスラム系の学校は認められない。

第二は、その反民主的・暴力的特質である。現在オランダでは「ファシスト的なイデオロギー」の信奉者が、ごく一部とはいえイスラム住民のなかに増加している、と彼は主張する。コーランに基づき反ユダヤ主義が正当化され、甚だしい場合にはヨーロッパにおける民主主義の転覆、シャリーア(イスラム法)の導入さえ企てられている。そしてこのような暴力的な行為に自らは携わらないにせよ、暴力活動を容認する急進志向のイスラム住民は、オランダだけで五―一〇万人はいるのではないか、とウィルデルスは推測する。

そして彼は、暴力活動でデモクラシーを掘り崩そうとする中核的メンバーについては、予防拘禁などの措置を積極的に発動すべきとする。オランダの市民を保護するためには、「一定の基本権を剝奪する」ことはやむをえない、というのである(Wilders, 2005, 70)。過激な思想を広めるイマーム(指導者)は国外追放し、過激なモスクは閉鎖すべきである。彼はいう。

> われわれの法治国家への脅威に対しては、強硬な手段をとらねばならない。まさにオランダを寛容な国たらしめ続けるためにこそ、そうしなければならない。われわれはオランダにおいて、常に寛容であり続けてきたが、ついには、不寛容な者たちに対してさえ寛容を示すことになってしまった。われわれは、不寛容な者たちに対しては、不寛容になることを学ばなければならない。それが、われわれの寛容を守り続けるためにできる唯一の方法だ(Wilders, 2005, 73)。

第三は、イスラム住民の「統合」の失敗という問題である。イスラム過激派に与するムスリムはごく一部であるが、そもそも多くのムスリムはオランダ社会に統合を果たしていない、というのがウィルデルスの認識だ。特にオランダ語の習得は不十分であり、ムスリムの社会的な孤立を招き、貧困や福祉依存の背景となっている。また、モロッコ系をはじめとして、犯罪に走る者も少なくない。非西欧世界からの移民は大幅に制限し、オランダに入国しても統合が不十分である移民は国外追放すべきである。国籍取得要件の大幅な厳格化や、罪を犯した移民の国籍剝奪も必要であるとする。

ウィルデルスがその主張の根本に置くのは、やはり「自由」である。しかしながら、オランダにおけるイスラム移民は、その「自由」を濫用し、オランダ社会に敵対関係を持ち込んでいるという。「ある者たちは、信教の自由を悪用して憎しみを撒き散らし、教育の自由を悪用して子どもたちにオランダ社会に敵対的な教育を施し、結社の自由を悪用してオランダ社会の転覆のための活動を行っている」と彼は説く。

以上のようにみてみると、ウィルデルスの主張は、基本的にはフォルタインと同様、自由・人権といった西洋的価値を援用してイスラムを批判する、という論法を取っていることが明らかであろう。「啓蒙主義的排外主義」ともいえようか。ここがまさに、フォルタインやウィルデルスをいわゆる極右と分かつ点である。ウィルデルスはむしろ、女性や同性愛者の権利を守る立場から、女性差別的・同性愛者差別的なイスラムを批判する。彼もまた、自らを「リベラル」と規定しつつ、「自由の敵」には自由を認めない、「不寛容なリベラル」の旗手となったのである。

### 3　ヨーロッパ憲法条約否決

このウィルデルスが強烈な存在感をアピールしたのが、ヨーロッパ憲法条約をめぐる国民投票である。

二〇〇五年六月、各国で批准に付されていたヨーロッパ憲法条約が、オランダの国民投票によって大差で否決されるという異例の事態が生じたことはよく知られている。その数日前にはフランスでも憲法条約は国民投票で否決されており、二国で否決されたことで憲法条約の発効は事実上不可能となった。オランダにおける投票率は六三・三%だったが、賛成と反対の差が一〇%程度だったフランスと異なり、賛成が三八・五%、反対が六一・五%と賛否の差が二三%に達していた(10)(表1を参照)。政府やすべての主要政党が批准賛成のキャンペーンを張ったにもかかわらず、大差の否決を防ぐことができなかったのである。他方、批准反対の論陣を張ってメディアの注目の的となったウィルデルスは、「国民の意思」を代弁するシンボル的存在となった。

実は二〇〇五年の国民投票は、オランダ現代史上初の国民投票だった。過去の国民投票の例は、二〇〇年以上前に遡る。エリート主導の民主主義という色彩が強かったオラ

**表1**　ヨーロッパ憲法条約をめぐるオランダの国民投票結果

| | 票　数 | 有効投票数に占める比率 |
|---|---|---|
| 賛　　成 | 2,940,730 | 38.46% |
| 反　　対 | 4,705,685 | 61.54% |
| 有効投票数 | 7,646,415 | —— |
| 白票・無効票 | 58,781 | —— |
| 総投票数 | 7,705,196 | —— |

ンダにおいて、一般国民が事実上初めて直接投票で重要政策に判断を下す機会が与えられたという点でこの国民投票は、オランダ政治にとっても一つの画期となった。しかし皮肉なことに、この国民投票は政治エリートに一般有権者が強い「否」を投げつける絶好の機会となった。

国民投票のさい、賛成派は主要五政党（キリスト教民主アピール、自由民主人民党、民主66、野党である労働党とグリーン・レフト）、主要労組、経済団体などであった。議会レベルでは、憲法条約に賛成する政党の合計議席は総議席数の八五％に達していた。これに対し、反対派の議席数は総議席数の一割強に過ぎなかった。しかし国民投票では賛成票は三八・五％にとどまった。既成政党の有権者に対する把握力が極端に落ちているなかで、政治エリートと一般国民の志向が大きく乖離していたことが白日のもとにさらされたのである。

憲法条約反対運動の中心となったのが、ウィルデルス党と最左翼の社会党の二党である。この二党は左右の両翼に位置し、政策的にはかけ離れているにもかかわらず、既成のエリート政治を批判し、ヨーロッパレベルでのエリート支配を強化するヨーロッパ憲法条約に反対する点で一致した。両党はＥＵ強化によってオランダの発言権が低下し、国民的アイデンティティも喪失してしまうとの立場から憲法条約を批判し、「非民主的な」ＥＵにこれ以上権限を委譲してはならないと訴えた。特にウィルデルスは移民問題を積極的に取り上げ、トルコのＥＵ加盟に明確に反対する立場から、ＥＵ強化に反対した。オランダ政治ではマイナーな存在に過ぎない両翼の政党が、国民投票の多数意見を代表する形となったのである。

なお、ウィルデルス党とともに反対運動を展開した社会党は、労働党の左に位置する小政党だが、従来は弱小のマオイストの極左集団とみられ、既成政党から完全に黙殺されていた。家々を回って政策を訴えるとともに、党員になった者は全収入額の一定割合を党に捧げ、多大な時間を党活動に割くことが義務づけられているなど、独特の党規律を保持しており、「赤いエホバ」との異名がある。しかもこの社会党はグリーン・レフトなどとは異なり、脱物質主義の立場に立つ政党ではない。安楽死をはじめとする自己決定をめぐる問題、移民問題でも進歩的とはいえず、旧来の左派、特に労働党に満足できない社会的な不満層を組織化することで勢力を広げてきた政党である。憲法条約反対運動でやはり注目を集め、翌二〇〇六年の下院選挙で議席を九から二五に伸ばす躍進を遂げることになる。

## 4 ヨーロッパ統合とオランダ

とはいえオランダにおける反EU感情は、最近のものに過ぎない。むしろオランダの場合、マーストリヒト条約やユーロ導入には国民レベルで幅広い支持があった。そもそも外国市場、とりわけ近隣ヨーロッパ市場の存在が死活的な意味を持つスモール・オープン・エコノミー(開放的な小国経済)のオランダにとって、ヨーロッパにおける経済統合・通貨統合の進展はむしろ悲願だった。ヨーロッパの共同市場を整備し、共通通貨を導入してヨーロッパ市場をオランダの輸出品や金融セクターに開いていくこと、ヨーロッパ統合がこのような経済的便益をオランダに与えてくれる以上、オランダはヨーロッパ統合の忠実な推進者であり続けたのである。

しかし他方、近年のEUの展開は必ずしもオランダに満足のいくものではなかった。オランダが分担金の一方的な拠出国に転落したことは、経済的メリットを提供するEUというイメージを大きく損なった。また中東欧へのEU拡大は、輸出市場の拡大というより、むしろ安価な労働力の流入を通じて国内雇用を悪化させるとみられ、警戒感を呼び起こした。EEC(欧州経済共同体)の設立以来多大な「経済的便益」を享受してきたオランダでは、これ以上のEUの拡大・強化はむしろ経済的にマイナスとみなされたのである。そしてEUの政治力を強化して「超国家」に向かおうとする政治統合の進展は、発言力の低下を恐れるオランダが積極的に歓迎できるものではなかった。新たな統合の段階を迎えたＥＵと、従来のような市場統合を通じた経済的便益を重視するオランダとの間に生じた微妙な齟齬が、国民投票の否決という形で表出したともいえる。

すでに二〇〇四年のヨーロッパ議会選挙において、オランダでは「ヨーロッパを透明に(Europa Transparant)」というＥＵに批判的な新党が出現し、二名当選者を出していた。選挙初参加で得票率七・四％と驚くべき成果を上げ、オランダに配分されている二七議席中二議席を獲得したのである。この新党は元ＥＵ官僚のファン・バイテネン(Paul van Buitenen)が結成した政党であり、ＥＵにおける浪費や腐敗を暴露して批判し、ＥＵはクライエンテリズムの温床であるとして改革を訴え、支持を受けた。しかもファン・バイテネンらは選挙において、「非効率的なＥＵ」と、これに対して財政的に貢献しているオランダとの対比を明確に示すことに成功したのである。このころからＥＵは非効率的な超国家機構であり、オランダは多大な貢献をしているのに見返りがない、とする雰囲気が強まっていった。

ＥＵに対する懐疑が広まるなか、そもそも政府・与党による賛成キャンペーンも上滑りしていた。バルケネンデ首相や主要政党は憲法条約の重要性は叫びつつ、「否決されても内閣は退陣しない」と首相があらかじめ言明することで政権の安全を最優先しており、「腰が引けている」様子は有権者にありありとみえていた。また事前の世論調査で否決の可能性が高いことが明らかとなると、投票日の一週間前にボット外務大臣が、

「反対票を投じるつもりの人は、投票せずに家にいてくれる方がいい」という発言をし、批判を浴びた。巨大化するEUへの不信感を抱きつつキャンペーンに取り組んだ賛成派には、説得力も不退転の決意もなかった。ウィルデルスはこの政治エリートの曖昧さをつき、「毅然とした」態度でEU強化を徹底して批判することで、有権者の多数派を味方につけることに成功したといえるだろう。

## 5　自由党の設立

さて知名度を大いに上げたウィルデルスは、下院選挙に向けて二〇〇六年二月、自由党を設立した。自由党は、オランダ憲法第一条の差別禁止条項を廃止し、代わりに「ユダヤ―キリスト教的・人文主義的伝統」をオランダの「支配的文化」として第一条で位置づけることを掲げ、他の主要政党とは明らかに異質の主張を展開した。

ウィルデルスは解説する。「誰もがわれわれの「支配的な文化」に同化しなければならない。そうしない者は、二〇年後にはもはやオランダにはいない。彼らは国外追放されるのだ。……われわれは、イスラム化という津波を防がねばならない。彼らは、われわれの心、われわれのアイデンティティ、われわれの文化を侵食している」(Fennema, 2010, 118)。一一月の選挙に至るまで、ウィルデルスは挑発的な発言で注目を集めていく。当初の予想獲得議席は一、二議席にとどまっていたが、二〇〇六年一一月の選挙では、自由党は初登場ながら一挙に九議席を獲得する。自由党の候補者リストには、候補者募集の新聞広告をみて応募した者のほか、ウィルデルスの個人的なつてで集められた、主として同郷のリンブルフ州出身者が並んでいた。

国政に本格的に進出した自由党は、活発な議会活動を展開する。手始めに、二重国籍の副大臣が二名就任したことを批判し、オランダ以外の国の国籍離脱を要求した問題は、賛否両論を巻き起こした。また移民問題を中心に政府に大量の質問を提出し、積極的に論戦を挑んでいった。ブルカ禁止を定める議員立法の提出など、自由党の活動は事あるごとに物議をかもすことになった。

特に二〇〇七年夏以降、ウィルデルスのイスラム批判はいっそう急進化した。彼はコーランをヒトラーの『わが闘争』の宗教版にあたると明言し、コーランの禁止を主張する。コーランにおいては、「ムスリムはユダヤ人、キリスト教徒、他の宗教を信ずる者、信仰を持たない者を抑圧し、迫害し、殺害するよう呼びかけられて」おり、また「暴力によって世界中にイスラム国家を樹立するよう」求められているとし、まさにファシズムに比すべきイデオロギーである、というのである(Fennema, 2010, 132–133)。

イスラムをファシズムにたとえる彼の姿勢は、その親ユダヤ・親イスラエル的発想によっていっそう強められている。彼は、オランダにおけるユダヤ人が、しばしばモロッコ系移民をはじめとするムスリムの敵愾心の標的となっていることを指摘する。そしてユダヤ人の権利を守るはずの左派反ファシズム団体がその問題に口をつぐんでいると批判し、むしろパレスチナに連帯してイスラエルを批判する左派こそが、反ユダヤ主義の一端を担っていると主張する。いまやムスリムを擁護する左派が、ユダヤ人の迫害に手を貸す「新しいファシズム」だというのである。

このような徹底したイスラム批判に基づき、二〇〇八年三月、ウィルデルスが製作したイスラム批判の短編映画『フィトナ』が公開された。イスラムを断罪するこの映画の公開をめぐってオランダで延々論争が繰り返され、内閣が公開の自重を求める声明を発表する異例の事態となった。公開後は、国内外のイスラム教徒の強い反発を招いている。

しかしウィルデルスが注目を浴びれば浴びるほど、自由党への支持は広がりをみせていく。自由党がいわば台風の目として注目を集めるなか、二〇一〇年六月九日に行われた下院選挙は、またしても政党間の勢力関係を大きく塗り替える結果となった。

## 6　リュテ政権の成立と自由党の閣外協力

ベルギーのメディアが、「政治的な地殻変動が生じた」と報じたこの二〇一〇年選挙で、キリスト教民主アピールは議席を二一議席と半減させた一方(特に首都アムステルダムでの得票率はわずかに三%)、自由民主人民党は大幅に議席を伸ばして三一議席とし、初めて第一党となった。そして自由党は二四議席を獲得してキリスト教民主アピールをしのぎ、第二党の労働党(三〇議席)に次ぐ第三党となったのである。特にウィルデルスの出身であるリンブルフ州で支持を集め、複数の自治体で得票率が三〇%を超えて第一党となった。外国メディアのなかには「オランダは極右に移行した」という刺激的な論調もあった。

連立交渉は難航した(Vermeend and Bode, 2010)。当初は、大きく票を伸ばした二党である、第一党の自由民主人民党と第三党の自由党を中心とする連立内閣成立の可能性が高いとみられたが、両党では下院総議席数の過半数に満たないところから、ここにキリスト教民主アピールを加えた中道右派連合が模索された。しかしキリスト教民主アピール内には、ウィルデルスの急進的なイスラム批判に拒否感が強く、党内合意が困難だったことから、三党による連立交渉は挫折する。

次に模索されたのが、自由民主人民党と労働党などを軸とした大連合である。ただかつての紫連合三党(自由民主人民党・労働党・民主66)ではやはり過半数に不足するところから、ここにグリーン・レフトを加えた「紫プラス連合(paars-plus)」の可能性が浮上した。しかし左派系政党が与党内で優位に立つこの組み合わせには、自由民主人民党が抵抗し、やはり失敗に終わる。

紆余曲折を経て、七月末には、自由民主人民党の党首リュテ(Mark Rutte)を首相とし、自由民主人民党とキリスト教民主アピールを正式の連立与党としたうえで、自由党が閣外協力を行う右派連立政権が、唯一の可能性として残され、その方向で連立交渉が本格的に始まる。これに対しキリスト教民主アピールでは、自由党との協力に強い嫌悪感を示す一部の議員や閣僚経験者、一般党員らが、右派政権の成立を阻止しようと党内で運動を展開した。特にファン・アフト元首相やルベルス元首相をはじめ有力者が反対を明言したことは話題となった。

九月二八日、三党のリーダーは連立政権樹立に合意し、右派連立政権協定を発表した。この協定は、移民政策のいっそうの厳格化を前面に押し出すものであり、ウィルデルスは政権の陰の立役者とみなされた。実際、連立政権協定を発表する記者会見の席上、ウィルデルスは「歴史的だ」を連発し、政権成立の意義を強調したのである。

三党リーダーによる連立合意は成立したが、オランダの政治慣行では、各党が党大会などによる政権協定の承認を行うことが必要である。ここでにわかに注目を集めたのが、連立への賛否の割れるキリスト教民主アピールの党大会だった。一〇月二日に開かれた党大会には四七〇〇名もの党員が詰めかけ、熱気のこもった議論が展開された(11)。特に連立反対派は次々発言に立ち、自由党と連立を組むことの問題性を訴えた。しかし採決の結果、連立政権協定は三分の二を上回る賛成で承認され(賛成六八%、反対三二%)、三党の交渉結果は追認された。

ここに、ほぼ一世紀ぶりに自由主義系の首相を擁する政権が成立するとともに、外国からは極右とも呼ばれる自由党の協力する政権が誕生することとなり、オランダ政治は新たな局面を迎えることとなった。

新政権のもとで、移民政策のさらなる厳格化が進められた。二〇一一年四月には、オランダへの移住希望者に課す市民化義務が強化された。オランダ語の会話能力試験の合格基準が引き上げられたほか、読解能力試験も新たに導入された。移民申請者はオランダ語の例文を声に出して読み、コンピューターがその正確性を判定するなどの試験をさらに課せられることになった。結婚などによる移民を明示的にターゲットとしたこの措置は、「結婚移民や家族招致移民らが、オランダ生活の準備を進め、より早く、よりよい形で参加できるようにする」ことを目的としているという。また二〇一一年一月には、帰化手続きの手数料が五六七ユーロから七八九ユーロへと大幅に引き上げられた。

外国人労働者の流入の抑制は、一段と強化されている。二〇一一年七月より、EU域外出身者に対する就労許可は、「例外的状況」においてのみ付与されるものとされた。使用者はまず、オランダやEU域内で必要な労働力を調達すべきであり、それが不可能な場合にのみ、EU域外出身者を雇用することが認められることになったのである。政府は、オランダおよびEUには利用可能な労働力が十分存在すること、とりわけ福祉給付受給者の就労をまずは促進すべきことを説き、外国人労働者への制限の強化を正当化した。

二〇一二年四月、政府の進める大規模な財政支出削減策に反対する自由党は閣外協力を解消し、リュテ政権は崩壊した。しかし以後どのような政権が成立しても、近年の移民政策の基本線は、大きく変わることはないであろう。

二〇〇二年のフォルタインの登場によって大きく転換した移民・難民政策は、その後一〇年を経た現在においても、その「排除」の姿勢をいっそう強化しているのである。

(1) 移民関係の統計については、中央統計局の人口統計(http://www.cbs.nl に掲載)を利用。

(2) 移民に「寛容」な政策を支持し、多文化主義の擁護者だった労働党の内部から移民批判の先鋭的な主張が出されることは、一見すると意外の感を免れない。しかしスヘフェルのほか、フォルタイン(元党員)、ヒルシ・アリ(元党員)、著名な古参党員のフェルウェイ＝ヨンケル、近年若手政治家として頭角を現しているモロッコ系のアフマド・マルクーフなど、移民問題で批判的な主張を展開する人物のなかに、むしろ労働党の(元)党員は数多く見出される。このことは次のように説明できる。すなわち社会民主主義政党は、一方で弱者・マイノリティ擁護の理念に基づき、移民の政治的・社会的権利を守る立場に立ってきたものの、他方ではその男女平等、政教分離、同性愛者の権利擁護などの主張が、ときには移民への先鋭的な批判に結びつくこともある。たとえば前述のマルクーフは、自分の出身地であるモロッコの文化には女性差別・同性愛者差別・他宗教排撃など、オランダが「受け入れるべき」ではない要素が含まれており、厳しく対応しなければならないと主張する。そもそも「移民に厳しい社会民主主義者」は、オランダに限られない。この問題は、むしろヨーロッパの社会民主主義が移民問題をめぐって抱えるディレンマを示しているともいえる。

(3) またフォルタインは、コーポラティズム機関について「労使団体が権力を持ち過ぎている」として批判した。

(4) ただ、「すみよいオランダ」は相対的に高学歴層の支持を集めていたのに対し、フォルタイン党が低学歴層に支持を広げていたこと、フォルタイン党の支持者には難民政策の厳格化を支持する人が多い、といった違いもある。

(5) フォルタイン党の選出議員には閣僚に適した専門家がほとんどいなかったため、外部から慌てて人材調達を行う結果となった。外国人問題・統合担当大臣のナウェインはキリスト教民主アピール、交通治水大臣のデ・ブールは自由民主人民党のメンバーであり、デ・ブールは大臣就任後も二重党籍を続けて批判を浴びた。

(6) 特に民主66の念願である市長公選制や国民投票の制度化について、民主66出身のデ・フラーフ制度改革担当大臣が精力的に取り組んだにもかかわらず、他の与党の積極的な協力が得られなかったことは民主66に強い不満をもたらした。

(7) しかもオランダに帰化している移民の場合にも、未成年者の子を養育していたり、六カ月以上福祉給付を受給している場合などは、この市民化義務が課せられた。

(8) ただこの「基本的事項表」を軸に展示する施設として政府が企図した「国立歴史博物館」設立計画は、二〇一〇年に成立したリュテ内閣下の文化教育予算の大幅削減のあおりを受け、廃止された。

(9) ウィルデルスは、自由民主人民党の指導者のなかでも、移民問題などをめぐる発言で注目を浴びたボルケステインをある程度評価していたが、それ以後の指導者であるデイクスタル、ファン・アールツェンに対しては激しい非難を浴びせた。

(10) ただフランスにおいても、それまで第二次世界大戦後に行われた一八回の国民投票のうち、否決は二回に過ぎず、しかも反対票の比率はそれぞれ五二・八%、五二・四%であったが、今回の反対票の比率はそれらを上回っている(土倉、二〇一一、一三二)。

(11) この党大会は国民的な注目を集め、中継を視聴した人は一〇〇万人を超えた。党大会の視聴者数としてはオランダ最高記録という。

# 第四章　光と影の交差——反転する福祉国家

「オランダ語の習得と社会に関する知識は、社会に積極的に参加するための本質的な前提条件である」
（二〇一一年九月二三日付ドネル内務大臣発下院議長宛書簡、傍点筆者）

## 第一節　福祉国家改革と移民

### 1 「移民政治」の顕在化と福祉国家

前章でみたように、近年のオランダでは新右翼ポピュリズム政党の躍進を背景として、移民・難民政策が大きく「排除」の方向へと転回した。しかし、このような現象はオランダに限られたものではない。

一九九〇年代後半以降、既成政治批判を掲げ、移民・難民政策の厳格化を主張する新右翼政党がヨーロッパ各国で躍進し、注目を集めている。二〇〇二年にフランスで極右政党が大統領選挙の決選投票に進出したことは衝撃を与えたが、オランダのほかイタリアやオーストリアでは新右翼政党が政権入りを果たし、実際に移民・難民政策の転換に重要な影響を与えてきた。デンマークやベルギーの新右翼政党は政権には参加していないものの、政権与党はその動向を無視することはできず、移民制限を強化する方向に進んでいる。またスイスでは既成政党の一つが移民批判を中心に据えて新右翼政党に事実上衣替えし、支持を拡大するとともに政権への影響力を強めている。二〇一〇年にはスウェーデンで初めて反移民政党が議席を獲得したが、左右両ブロックがいずれも過半数の議席を獲得できなかったことから、重要な位置を占めることに成功した。いまや西欧諸国の多くにおいて、主要政党の多数派は移民抑制の方向に同意しており、移民制限政策は「主流化」したといって過言ではない。移民政策をめぐる問題、すなわち「移民政治」は、現代の西欧諸国において最も重要な政治イシューの一つとなっている(Lahav, 2004, 31)。

近年における「移民政治」の顕在化には、どのような背景があるのだろうか。グローバル化の進展やEU統合の拡大といった諸変化は、一方では各国の財政金融政策の自律性を大幅に低下させ、富の分配をめぐる旧来の「右」と「左」の対立を弱めてきた。社会民主主義勢力は伝統的なケインズ主義的福祉国家拡大路線や国有化の主張を放棄して緊縮財政と通貨安定路線に合流し、また自由主義勢力や保守勢力も一定の福祉国家機能の存在を受け入れることで、社会経済政策をめぐる対立は薄まりつつある。

しかし他方では、グローバル化やEU統合を通じて国際的な人口移動はいっそう活発化し、先進諸国の都市部を中心に多数の移民・難民を擁するようになっている。このことは各国社会の多元化・多民族化を進行させ、政府や自治体に多文化主義的政策の採用を促してきたが、近年はむしろ移民問題を批判的に捉え、移民と貧困・犯罪とを結びつけることでその「排除」を訴える、新しい右翼勢力が支持を拡大している。一見すれば、「福祉国家か市場か」といった財の分配をめぐる政治から、「移民政治」やそれと連動した、治安やマイノリティをめぐる「セキュリティの政治」への移行が生じつつあるようにみえる。

しかしながら、福祉国家と「移民政治」の関係は、政治の争点が前者から後者に移行しているという単純なものではない。むしろ「移民政治」の顕在化の背景には、実は福祉国家の再編をめぐる問題――とりわけ、福祉国家の構成メンバーの要件であるシティズンシップの再定義――が深く関連しているように思われる。近年の福祉国家の再編成のあり方自体が、移民をめぐる新たな言説空間を創出し、「移民政治」を政治の表舞台に押し上げたといえるのではないか。

ここでわれわれが注目すべきことは、「包摂的」で先進的と目される福祉国家においてこそむしろ排外主義が生じている、というパラドクスの存在である。西欧諸国、なかでもオランダやデンマークのように、福祉国家が高度に発達し、しかもリベラルな移民・難民政策を誇ってきた国々において、新右翼の躍進と移民政策の転回という事態が展開している。特にオランダは、「オランダモデル」に代表される先駆的な雇用福祉改革を進め、女性や高齢者・失業者などの積極的な「包摂」を推進している一方で、移民や外国人の「排除」が急速に進展した。デンマークも同様であり、フレキシキュリティに代表される雇用・福祉モデルで国際的に知られる一方で、小国には似つかわしくない外国人排除が近年断行されている。

そうだとすれば、実は第二章でみた福祉国家の「先進的な」再編の論理のなかに、第三章でみたような、移民や難民を「外部者」として排除する仕組みが出現しているのではないか。「モデル」として称賛される「包摂」の論理のなかに、「排除」を正当化するメカニズムが組み込まれていたのではないか。

本章は以上の観点に立ったうえで、近年の福祉国家の変容と移民政策の「転換」の関係について検討する。そしてそれを通じて、いわば「ポスト近代社会」における包摂と排除――「光」と「影」――の織り成すダイナミズムについて解明を試みたい。

## 2　「参加」型社会への転換

従来、移民やマイノリティなどの弱者にも手を差し伸べてきたはずの福祉国家において、近年「移民政治」が顕在化しているのはなぜか。「包摂的」福祉国家が、同時に「排除」を強力に進めているのはなぜか。そこに潜んでいる、共通のロジックは何か。

それは一言でいえば、「参加」の論理であろう。

第二章でみたように、より多くの市民を労働市場へと「参加」させ、包摂を進めようとする現代の福祉国家は、いまや女性も高齢者も障害者も含め、全員が何らかの形で経済社会に貢献する、一種の「参加」型社会を志向するようになった。市民に積極的な「参加」を求め、参加を拒むものには福祉国家のメンバーとしての資格を制限することは新しい現象であって、これは社会の構成員としての条件、すなわちシティズンシップの概念に大きな変化が生じているといわざるをえない。

しかし、「参加」がシティズンシップのコア概念となるならば、「参加」に困難をともなうとみなされる人々、とりわけ外国人や移民は、一部を除けばシティズンシップを認められることは難しくなり、最終的には少なからぬ部分が「排除」される可能性が高い。特に労働市場に参加する見込みが低く、言語や文化を共有しないがゆえに社会生活にも参加が困難とされる非西洋圏出身者は、文字通りの「テスト」をくぐり抜けることができない限り、そもそもシティズンシップ付与の候補者にはなりえないということになる。

そうだとすれば、「包摂」と「排除」は矛盾するものではない。むしろ再編を進める福祉国家が、「参加」のロジックに基づき「包摂」を進めようとすれば、「包摂しがたい」存在をあらかじめ排除しておくことが、必然的な選択となる。まさに「包摂」を徹底して進めるためにこそ、「排除」が必要となる、ということなのだ。

このことについて、もう少し詳しくみてみよう。

まず、近年の先進諸国における雇用・福祉改革の最大の眼目が、労働市場、そしてそれを取り巻く社会への「参加」の促進にあることはいうまでもない。

特にイギリス・ブレア政権下の「就労のための福祉(welfare to work)」を代表としつつ、西洋各国の福祉改革に強い影響を与えてきた「ワークフェア」の原理は、「参加」の促進を前面に押し出すものだった。

周知のように一九九〇年代以降の先進諸国は、高齢化や構造的失業の存在による福祉給付受給者の増加、グローバル化やEU経済通貨統合を背景とする財政支出抑制の必要性、さらには就労者・福祉給付受給者の分断の固定化による社会的分離といった、福祉国家の基礎を掘り崩す問題に直面した。そしてここで採用された対応策が、さまざまな便益・制裁を用いて福祉給付受給者らの就労を促進することで、社会保障財政を再建するとともに、周縁化されていた人々を再び社会的プロセスに復帰させていくこと＝社会的排除の克服である(Cattacin et al., 1999)。

すなわち各国では、「福祉依存」の脱却をめざし、職業訓練機会の提供や職業紹介、個人や企業を対象とする報奨金といったインセンティブの強化とともに、本人が求職活動や社会的活動、職業訓練に参加しない場合には給付を停止するなどのペナルティを導入した。そしてこれらの改革の結果、「給付偏重」のきらいのあった福祉国家の構造は現在、就労強化型の福祉国家に向けて大きく舵が切られつつある。

またEUにおいても、「知識基盤型経済」の出現を背景としつつ、福祉国家をめぐる基本的なコンセプトを大きく転換させており、再分配を中心とした社会政策から、「雇用に親和的な」社会政策への力点の移動を進めている。そして「フル就業」を掲げ、職業指導や職業訓練など、積極的労働市場政策を通じて就業率を向上させることを雇用政策の最大の目標の一つに位置づけている。政治学者の野田昌吾がいうように、EUにおいては「雇用を通じて社会への参加、包摂を図ることが目指されるようになっていった」のである(野田、二〇一〇)。

### 3 「参加」と義務・責任の重視

しかしながら、この就労強化策の導入とともに、かつての福祉国家と明らかに異質の発想が入り込んできたことも否定できない。特にワークフェアには、「社会保障の従来からの理念を否定する」(武川、二〇〇四)側面が存在すると指摘されている。「社会権にオブリゲーションを伴わせる」(宮本、二〇〇四b)点でワークフェア改革には、従来の福祉国家の枠を明らかに超える発想が含まれているのである。

「権利」の前提として「義務」「責任」を強調し、社会への「参加」をキーワードとするワークフェアにおいては、福祉に対する権利を認められるのは、基本的には自らの属するコミュニティに「参加」し、「責任」を果たす者のみに限定される。自らの責任においで能動的に職業訓練やボランティアに参加する、いわば「アクティヴな行為主体」

（渋谷、二〇〇三、六四）と認定された者のみが福祉国家の構成員となることが許されるのである。

他方で、国家の過剰なまでの就労促進政策「にもかかわらず」職に就くことのできない者、あるいはそれに代わる社会活動などに参加する意欲がないとみなされた者は、その結果について責任を問われたうえで、最終的には福祉国家から排除されるほかない。そこでは失業はもはや「社会問題」ではなく、個々人の「モラルの欠如」（渋谷、二〇〇三、五二）の結果として解釈されていく。

そうだとすれば、ここにおいて、「万人に無条件に付与される」ものとしての福祉国家のシティズンシップは大きく変容している。かつての福祉国家が、合法的に居住する市民に等しく権利を保障することを少なくとも理念としては掲げており、場合によっては不法滞在者にもその傘の一部を広げていたとすれば、ワークフェア型福祉国家におけるシティズンシップはすぐれて選別的である。コミュニティに参加し、その道徳的義務を果たすこと、あるいは果たす意欲を示すことをシティズンシップの条件として導入することによって、「権利」を出発点として構想されてきたはずのシティズンシップは転換を遂げ、むしろ「契約」——相互に責任を果たす主体同士の締結する契約——の一種として理解されるようになる。しかし義務や責任を果たせない者は、コミュニティに貢献する能力や資質の欠如した存在とされることで、「シティズンシップの不適格者」との烙印が押され、「アンダークラス」として「市民」の外部の領域に押しやられていく(渋谷、二〇〇三、六四—六五)。そこでは福祉国家を支えてきた「非人称の連帯」が変質しているのである(齋藤、二〇〇四)。

## 4 福祉国家の変質と移民

それでは、このような「参加」を条件とする福祉国家の出現、そしてそれと不可分に進行するシティズンシップ概念の変質のもとで、移民や難民をはじめとする外国人はどう扱われるのか。国際機関や多国籍企業で働くエリート層は別として、ここで彼らの少なからぬ部分が「コミュニティへの義務を果たさない」シティズンシップの不適格者とみなされ、排除のターゲットとなる可能性は高い。近年の福祉国家再編を支える主張は、教育の場や労働市場において移民・難民が実際に直面する困難な状況よりも、むしろ彼らがコミュニティたるホスト国の社会にどれだけ貢献するのか、どれだけ参加する意思があるのか、を第一に問うものだからである[1]。そしてこのことは現実には、彼らの多くを福祉国家に「包摂」するのではなく、福祉国家の構成メンバーたるシティズンシップそのものから「排除」する方向に働いていく。ワークフェアがめざす「社会的排除の克服」が達成されないばかりか、むしろ社会的排除の「再生産」につながるのではないかと危惧されるゆえんである(Cattacin et al., 1999, 59)。

エスピン＝アンデルセンが指摘するように、かつての福祉国家は、「モラルの観点では……より普遍的で階級のない正義と「国民」の連帯を約束するもの」だった(Esping-Andersen, 1996a, 2)。福祉国家が「万人に開かれている」というイデオロギーを掲げる限りは、特定のカテゴリーの人々をそこから排除する、排除の論理は直ちには成立しにくい。一九八〇年代まで、福祉と結びついた移民排除の動きが一部にとどまった理由はそこにある。福祉国家のシティズンシップがメンバーの「寄与」や「参加」を問わない場合には、移民やマイノリティは福祉国家の「包摂」の対象として扱われこそすれ、真っ先に「排除」の対象とされることはなかったからである。

しかし就労優先型の福祉国家への再編成にともない、就労をはじめとする社会参加をシティズンシップの条件に据えることで、労働市場や教育現場で困難な状況に置かれている移民やマイノリティはむしろ排除の対象とされていく。そして一部のエリート層を除けば、新たな移民や難民は「コミュニティへの貢献が期待できない」がゆえに、そもそも入国にすら高いハードルが設定されてしまう。現代の選別的な福祉国家のもとでは、彼らにはメンバーたる資格が最初から認められないばかりか、「外部者」として治安対策のターゲットとして扱われざるをえない。こうして福祉国家の「ゲイティッド・コミュニティ」化が進行し、「福祉国家が移民を守る」という理念は「移民から福祉国家を守る」というロジックに反転していったのである。

もちろん、近年西欧各国で進展している福祉国家改革は、制裁手段を用いて就労を強化するワークフェア政策に限られるものではない。第二章でみたように、パートタイム労働の保護、労働時間の変更権の保障、長期休暇制度などの諸改革は、就労促進に寄与するという点ではワークフェア政策と共通しているとはいえ、その手段はよりソフトな、間接的な促しにとどまる。その意味でこれら労働時間・就労形態に関する労働者の裁量を拡大する諸改革が、ワークフェア政策と同様の「参加の強制」――そしてその裏返しとしての「排除の契機」――を必然的に内包しているとまではいえないだろう。

しかし重要なことは、就労形態の多様化や柔軟化といった「労働者本位」の改革の恩恵を蒙るのは、基本的には労働市場にすでに参加している人、あるいは参加が容易な人々、すなわち「労働市場のインサイダー」に限定されているということである。

たとえばフルタイム・パートタイム間の相互転換が可能になったとしても、その制度を利用するためには、まずは(パートタイムであれ)正規の労働者として雇用されることが必要である。そしてその「インサイダー」の圧倒的多数が、白人の自国民、ないしはEUなど先進諸国出身者であることはいうまでもない。労働市場へのアクセスがそもそも困難な人々、特に非ヨーロッパ系の人々にとっては、就労を前提とする労働時間の短縮・延長制度や「労働とケアの両立」といった改革は絵空事に過ぎないともいえる。諸改革の成果を享受するためにも、まずは労働市場に「参加」することが当然の前提となっているのだ。

## 5　オランダにおける「シティズンシップの共有」

オランダでも、移民政策の転換にあたって新たに重視されたのは、やはり移民の側の「義務」と「責任」、そして「参加」である。すでにフォルタインは、移民にオランダ語の習得を義務づけたうえで、社会統合に協力しない移民に対しては、福祉給付の削減などの強硬な手段が必要と主張していたが、現実にバルケネンデ政権下では「鉄のリタ」と称された、リタ・フェルドンク外国人問題・統合担当大臣のもとで、移民・難民政策の厳格化が進行した。

彼女は、移民などのマイノリティを、もはや「ケアを必要とするカテゴリー」として扱うことはできない、と断言した(Smeets et al. 2004, 21–23)。「市民とは自ら選択を行い、自ら責任を引き受ける存在である」と定義し、シティズンシップを「社会に積極的に貢献し、参加しようとする意思」と捉える彼女は、政府が移民を対象に社会福祉サービスを一方的に提供する、という状況そのものに疑問を呈する。むしろ必要なことは、移民にもオランダ語を学び、オランダ社会の基本的価値観を身につけたうえで、社会に十全に「参加」し、「シティズンシップの共有(gedeeld burgerschap)」を実現させることであるという。ここでは、従来のような移民の言語・文化を尊重する多文化主義よりも、むしろ「統合」が優先される。第三章で述べたように、現在オランダでは、移民に「市民化試験」を課し、オランダ語とオランダ社会に関する知識を問う試験を義務化している。一定水準以上の言語能力と社会参加意思を持つ者のみが、シティズンシップ付与の対象となり、「市民」と扱われるのである。

また「市民化」促進の掛け声のもと、「帰化儀礼」もフェルドンク大臣のもとで導入された。二〇〇六年一月より、自治体ごとに国籍取得者を集めた儀式を開始することが定められ、これに基づき各自治体は国歌斉唱やパーティなどを含む会を定期的に開催することとなった。この帰化儀礼によって、帰化した移民たちに「オランダとの特別な紐帯」を深く意識させ、「オランダ国民として、オランダ国籍を持つ者に必然的にともなう、あらゆる権利と義務を自ら引き受ける」ことを確認させるというのである。なぜなら、オランダ国籍の取得とは、「責任をともなわない出来事」ではなく、彼らがオランダ社会に統合される過程の、いわば頂点に位置する出来事だからである、という。

再定義されたシティズンシップのもとで、自らの責任においてコミュニティに統合を果たし、「義務」を自覚的に果たす移民のみが市民として権利を行使しうる、という発想が一貫しているといえよう。

しかし彼女が考えたように、オランダ社会に自ら進んで参加し、貢献しうる意欲と能力を持った移民のみがメンバーとして認められるとするならば、実際にこの条件を満たしうる者がどれだけいるかは疑問であろう。現に彼女やそれ以降の担当大臣のもとで移民・難民制限を強化する政策が大幅に進められる一方、労働市場に十全に参加し、オランダに経済的利益をもたらすことが期待できる、一握りの外資系社員・技術者などの外国人の流入はむしろ促進されてきた。現実には、「市民化」の掛け声のもとで、厳しい選別と排除が進行しているのである。

## 第二節　脱工業社会における言語・文化とシティズンシップ

### 1　脱工業社会における「参加」の様相

このように、近年の先進諸国においては、労働市場・社会生活への参加が強く求められるようになり、「参加」のロジックのもとで、シティズンシップの再定義が進行しつつある。そしてこの「参加」の強調の背景にあるものが、先進諸国に生じつつある経済社会の構造的な変容であり、とりわけ脱工業社会化の進展であることは確かであろう。

「参加」がなぜ求められるのか。しばしば説明されるように、脱工業社会の到来は、低成長時代の幕開けと軌を一にしている。生産性の大幅な上昇が望みにくいサービスセクターが産業の中心になり、しかも少子高齢化にともない生産年齢人口は減少する。その一方で、社会保障負担は増加の一途をたどり、労働コストの安い途上国への生産拠点の移転などを背景とした慢性的な失業や賃下げが発生する。脱工業社会はさまざまな問題をともなっている。

この困難に対処し、経済・社会的な停滞を回避するために、「富の創出」の担い手を増やすこと、具体的にはそれまで労働市場の外部にいた高齢者・女性・障害者などに「参加」を促し、就業率を最大限高めることで労働力を確保し、「全員参加型」の「完全雇用社会(フル就業社会)」をめざす試みがなされているのが、現在の先進各国の状況である。

しかし、どうしても一つの疑問をぬぐうことができない。「労働力の確保」が重要な課題だったという点においては、一九五〇年代から七〇年代にかけての高度経済成長期のヨーロッパ諸国の労働力不足の状況は、少子高齢化が進み、労働力の減少に悩む現在の低成長時代と本質的に変わるものではない。そして、かつて労働力不足を解消するために切り札とされたのは、まさに移民労働力の積極的な流入だった。若く健康な男性を中心とする移民労働者は、特に工業部門において、生産性の高い貴重な即戦力の労働力として歓迎されたのである。

しかしそれならばなぜ、やはり労働力不足に直面しつつある現在の先進各国で、かつて積極的に流入が促されていた移民が、むしろ「排除」の対象になるのだろうか。

ここで考えるべきことは、脱工業社会の到来とは、単に人口動態の変化や労働力の不足といった「量」的な変化にとどまることのない、生産・消費・労働のあり方をはじめとする「質」的な変化を意味している、ということである。

## 2　脱工業社会における「非物質的価値」

そもそも脱工業社会の到来は、生産されるものが「モノ」から「モノならざるモノ」に転換することを意味する。このことは、労働のあり方や価値の創出の方法に、大きな変化を及ぼさざるをえない。経済学者の諸富徹はこの変化について、次のように説明する。すなわち先進諸国においては、生活水準の向上、経済のサービス化と情報化・知識経済化などの変化にともなって人々の価値意識も大きく変わり、環境や安心、安全、町並みや景観、文化や芸術性、製品デザインといった「非物質的価値」が追求されるようになっている。そしてこの「非物質的価値」を生み出すうえで重要なのが、「人々が取り結ぶ関係性」であるという。なぜなら、非物質的な価値は「人々がチームを組んで相互に刺激し合い、化学反応が起きるなかで生まれてくるからである」。人間同士の「創発的」なネットワークを作り上げることで、それぞれの人間の持つ知識や価値観が相互作用を起こし、新たな価値を作り上げるというのである(諸富、二〇一〇)。

この脱工業社会において人と人が取り結ぶコミュニケーション関係は、二つのレベルで重要な意味を持ってくる。第一は生産過程。「非物質的」労働においては、労働者は

「チームのなかで相互にコミュニケーションをはかりながら、相互作用を働かせて」創造的活動を行い、新たな価値を生み出していくことが必要となる。第二は消費者への提供の過程。労働者は、たえず消費者とコミュニケーションをとりつつ、アイディアを取り入れながら、「生産的な協力関係を作り上げていく」ことで、新たな製品・サービスを創出していくことが求められていく。この消費者とのコミュニケーション関係の重要性については、濱口桂一郎も次のように指摘する。すなわち、産業構造が製造業中心からサービス産業にシフトするにつれて、「業務運営上顧客との円滑なコミュニケーションの持続が強く求められるタイプの労働」が増大しているという(労働政策研究・研修機構、二〇一二、一二二)。

このように、脱工業社会における価値創出のためには、何よりもまず人間同士のコミュニケーションを通じた協働作業が不可欠となっている。その場合、労働者には、職場やサービス提供現場における継続的な「参加」が不断に求められることになる。一九九〇年代以降、社会科学の諸分野で「社会関係資本」が注目を集めている背景には、このような人と人が取り結ぶ関係性のネットワークが果たす、社会経済的な役割が評価されているからにほかならない。

## 3　新しい「能力」観――「ポスト近代型能力」の浮上

しかしそうなると、そのような脱工業社会において求められる「能力」も、大きく変わらざるをえない。実際、「能力」をめぐる文脈は近年明らかに変わってきている。

教育学者の平塚眞樹は、「知識基盤型経済社会」への移行を受けて先進各国で新たな「能力(コンピテンス)」観が浮上していることを指摘している。彼女によれば、従来の工業中心社会において重視されてきた、定型化された生産過程を前提としたいわゆる職務能力に代わって、リスクに富み変動著しい現代の経済社会のなかでは、さまざまな具体的な文脈に応じ、「自分や他者が有する諸力を適切に組織・活用」して状況を開いていく能力が必要である。しかもこのような実践的能力は、学校における一方的な知識の伝達によって養われるものではなく、より広い社会関係のなかで、端的に言えば「参加としての学習」によって育まれるものであり、一種の「関係的な能力」でもあるというのである(平塚、二〇一〇)。

また教育学者の本田由紀も、情報化・サービス化の進んだ「ポスト近代社会」においては、人々に要請される「能力」が大きく変化を遂げていることを指摘する。彼女によれば、かつて「近代社会」において求められていた、標準化された知識内容の習得をはじめとする「近代型能力」はもはや時代遅れとなった。いまや「新しい価値を自ら創造」し、「相互に異なる個人の間で柔軟にネットワークを形成し、……リソースとして他者を活用」できる能力、すなわち「ポスト近代型能力」が要請されているという(本田、二〇〇五)。そこにおいては、「仕事をはじめ様々な形で社会に貢献しようという意欲」や「高いコミュニケーション能力」などが重要とされるのであり、かつての「詰め込み教育」に象徴されるような知識の獲得では不十分である。他者と関わるためのコミュニケーションのスキルは、もはや情報伝達のための手段にとどまるものではなく、それ自体が価値を持つ「能力」となっているともいえよう。

興味深いのは、平塚が引用している、この新しい「能力(コンピテンス)」概念を取り上げたOECD、EUの報告書のいずれもが、その「能力」の構成要素の第一に、「言語(によるコミュニケーション)」を取り上げていることである(平塚、二〇一〇)。OECD、EUの報告書はともに、人間相互の協力関係や対人関係といったコミュニケーションの能力を「能力」の基本においているが、そのさい、言語を通じたコミュニケーションが、その重要な前提とされているのである。

そうだとすれば、言語を十分に習得し、そして相互にコミュニケーションをとりつつ協力しながら問題解決に取り組む力をつけることこそが、脱工業社会における職業生活・社会生活にとって必要な能力とされているといえる。そして移民においては、習得すべき「言語」はいうまでもなくホスト国の言語であり、その言語を習得したうえで、ホスト社会の人々とコミュニケーションをとりつつ、就労や社会参加を実現させていくことが求められる。そのさい、ホスト社会の支配的な価値観・文化については、可能な限り「参加としての学習」を通じて体得していくことが必要とされているといえよう。

## 4 「言語によるコミュニケーション」と「能力」

そもそもかつての製造業中心だった先進諸国においては、移民にそのような社会への積極的「参加」を求めることはなく、したがって「言語によるコミュニケーション」の能力を要求することも少なかった。各国は経済成長を支えるための労働力の大幅な不足に対応するために、ホスト国の言語習得が不十分であろうが、また「前近代的」宗教を信仰する国の出身であろうが、健康な若年男性であればそれ以外の条件を課すこともなく、労働移民を受け入れてきた。その背景には、工場での大量生産を中心とした生産過程においては、職場でホスト国の労働者と会話をさして交わさなくとも、またクライアントとやりとりしなくとも、作業マニュアルを覚え、定型化された業務をこなすことができれば、十分な職務能力を有しているとみなされた、という事情があった。

日本の製造業における外国人労働者についても、同様のことがいえる。たとえば工場で働く日系ブラジル人労働者の場合、仕事上必要な日本語は多くない。エレン・ナカミズが指摘するところでは、工場での日本語のやりとりは、「単純命令や単文を相手に投げかけることにほぼ限られる」(ナカミズ、一九九六)。工場労働者としての能力を発揮するうえで、日本語の高度な熟達は必須条件ではない。また群馬県の日系ブラジル人工場労働者について調査した鈴木尊紘が述べるように、ブラジル人労働者は「流れ作業を行うのみであり……日本人使用者から通訳を介してポルトガル語で指示を受ける」場合もある(鈴木、二〇一〇)。同僚との会話はポルトガル語で十分であり、クライアントと日本語で交渉する必要はない。このような状況においては、ましてや労働者がどのような信仰を持っているのか、「男女平等」や「政教分離」についてどのような見解を持っているのか、などは職業上の能力とは無関係の問題だったのである。

しかし「人がモノを生産する」時代から、「人と人がコミュニケーションをとりながら、モノならざるモノ」を生産する時代に移行しつつある「ポスト近代社会」は、諸個人に「言語によるコミュニケーション」を通じて社会に「参加」すること、そして「人と人との関係性」を通じて新たな価値を生み出す「能力」、すなわち「ポスト近代型能力」を要求する社会でもある。

近年の日本の外国人労働者に関わる問題についてみれば、たとえばインドネシアやフィリピン出身の看護師の日本への受け入れ問題が挙げられる。看護師としての一般的な「能力」を十分に持っているはずの彼女たちが、日本語という障壁にぶつかり、日本の看護師国家試験にほとんど合格することができず、帰国を余儀なくされる現状は示唆的ではないか。「コミュニケーションをとりつつ」「人が人にサービスを提供する」サービス経済中心の社会においては、工業社会では前面に出てこなかった「言語によるコミュニケーション能力」が、当該業務そのものに関する能力以上に、当該社会における滞在許可の有無＝シティズンシップの可否を決するうえで重要な意味を持ってきているのである。(2)

## 5　言語・文化の再浮上

このように「言語によるコミュニケーション」がポスト近代社会における中核的な「能力」として浮上したことを踏まえれば、先進各国における近年の移民排除の基準に「言語・文化」が据えられたことの意味が理解できるだろう。

ここ一〇年ほどの西欧諸国の顕著な傾向として、移民に対するシティズンシップ付与の条件に当該国の言語・社会慣習・価値観などの習得が求められるようになったことが挙げられる。前述のようにオランダでは、非西洋圏出身者の移民に対し、オランダ語とオランダ社会に関する知識についての試験を義務づけ、滞在資格をその結果にリンクさせる方式を導入した。

このような政策転換は、オランダに限らない。たとえばフランスでは二〇〇七年移民法により、家族招致による移民を対象に、フランス入国前にフランス語および共和国的価値に関するテストを受けることを義務化した。またドイツでは、二〇〇五年より新規移民らにドイツ語と歴史・法律などの受講を義務づけたほか、二〇〇七年の国籍法改正では、新たに導入された「帰化テスト」に合格することを帰化申請の条件としている。ベルギーのオランダ語圏では、移民に対する言語教育・市民教育が用意されているが、講習への出席が八割に満たない場合には罰金の対象となる。義務とするか任意とするかは別として、EU内でも西側の先進地域においては、言語・文化の習得が移民に求められるのがいまや一般的である(鈴木、二〇一〇;高橋、二〇一〇)。

このように現在、言語の習得や社会的な同化が、「市民」と「市民ならざるもの」を分かつ基準として浮上している。その理由は、ここまでの叙述から明らかだろう。「モノならざるモノ」が富を生み出す脱工業社会とは、生産・労働・消費の各局面において、人々が「参加」すること、そして「言語によるコミュニケーション」を取り結ぶことが要請される社会でもある。労働者として富を生み出すことができるか、あるいは市民として社会生活に参画することができるかどうかは、最終的には「言語によるコミュニケーション」能力の有無に決定的に依存していく。言語・文化の習得のテストは、まさに脱工業社会におけるシティズンシップ・テストそのものなのである。

確かに、いわゆる英語化が世界的に進展するなかで、オランダやベルギーのような「小国」までもが、国際的にはむしろマイナーな自国の言語の習得を新たに義務づけていることは、一見奇妙な印象を受ける。また、かつてはほとんど重視されていなかった社会習慣の習得がシティズンシップ獲得に必須とされるようになったことも、唐突な印象を免れない。

しかしここまで示したように、小国であっても移民が当該国の市民として生産過程や市民生活に参加し、「言語によるコミュニケーション」を日常的に行うことが求められるのであれば、いかにマイナーな言語であれ、当該国の言語の習得の必要性は高まらざるをえない。また、サービス経済化のなかで、前述のように「顧客との円滑なコミュニケーション」を持続させることが労働者に求められるのであれば、労働者には単に言語を学ぶにとどまらず、顧客の属する当該国の支配的な文化や習慣、「価値規範」を可能な限り身につけることが要求されることも理解できよう。その結果、たとえば「政教分離」や「男女平等」をめぐって顧客と根本的な見解の相違があり、「価値規範」を共有していない場合には、その労働者は「円滑なコミュニケーション」を継続することが困難と判定されることもあるだろう。いずれも「人」よりも「モノ」を相手にしていた工業社会では想定していなかった事態である。

こうしていまや、本章の冒頭に引用したように、小国のオランダでさえ「オランダ語の習得と社会に関する知識」が「社会に積極的に参加する」ための「本質的な」前提条件である、というのが政府の見解となっているのである。

かつての人種差別・外国人排斥は、人種や血統・皮膚の色といった出身・先天的な形質を主たる選別の基準としていた。しかし近年の選別基準は、むしろ言語や文化を習得し、当該社会で「参加」できるのか否かといった「個々人のあり方」に対する評価にシフトしている。移民は言語や習慣といった当該国の「文化」を学び、身につけることで、その社会に「参加」する資格を得て、シティズンシップを認められる。ここでは「文化」は、当該社会に参加するための一種の(後天的に習得可能な)能力という性質を帯びているのである。(3)

## 6 参加・包摂・排除

このような観点からみれば、ここ二〇年ほど進行してきたオランダをはじめとする先進諸国における「改革」や「政策転換」が、一見すると「排除」と「包摂」という矛盾した内容を含んでいるにもかかわらず、ある意味では脱工業社会化を受けて進められた「参加」重視の社会経済戦略の結果でもあったという点では共通していることがわかる。

すなわち、一方では雇用・福祉改革のキー・コンセプトに「参加」を据え、硬軟取り混ぜた政策手段を用いて就労を徹底して促進することで、より多くの人々を労働市場へと「包摂」し、福祉国家の「持続可能」性を高めていく。そして、ワーク・ライフ・バランスを可能とする労働環境を整えることで、高度な「能力」を持つ、創造経済を支える人材をひきつけていく。他方では、言語や文化・価値観を共有しない(それゆえにコミュニケーションの「能力」が低いとされる)ために、就労を通じた労働市場への「参加」の可能性が低く、地域社会への「参加」もしないまま社会統合の妨げとなることが見込まれる「他者」、具体的には非先進国出身者に対しては最初から厳しいハードルを課し、事実上排除の対象とする。いわば「参加」を軸とした包摂と排除の両面を通じて、ポスト近代社会の競争戦略が推進されてきたといえるのではないか。

「排除」と「包摂」は、実はコインの裏表の関係にあったのである。

経済のサービス化・情報化が高度に進展した典型的な脱工業社会であり、創造経済の中核となるべき「文化産業」従事者の比率もEUで高いレベルにあるオランダとデンマークの両国において、「参加」重視の「先進的」な福祉・雇用改革が進展する一方、ヨーロッパで最も厳格とされる移民政策が導入されたことは、偶然ではない。そしてかつて移民・難民をも積極的に受け入れてきた「リベラル」で「寛大」な福祉国家は、ポスト近代社会の到来とともにまさに「反転」し、いまや先鋭的な「排除」の様相をみせるに至ったのである。

このようなオランダをはじめとするヨーロッパ各国の展開は、労働力不足が徐々に顕在化し、移民受け入れが早晩問題となる日本の状況を考えるうえでも、重要な参考例になるだろう。

## 7　新たな光と影の交差のなかで

本章では主として、脱工業社会における「排除」の構造に光をあてて考察した。しかしもちろんこのことは、工業社会において「排除」が存在しなかったことを意味するものではない。

端的にいえば、工業社会において排除されてきたのは「女性」および「高齢者」であった。身体的能力の高いとされる若年・中年の男性労働力を重宝する工業社会においては、一方では若年男性の移民労働者を積極的に受け入れつつも、他方では、自国民の女性については、若年層を除けばおおむね労働市場からの排除の対象とし、男性についても(現代の基準からすれば相当に若い年齢から)高齢者を排除してきた。

これに対し、脱工業社会化が進んだ現代の先進諸国は、一方で中高年女性や高齢男性の就労を急ピッチで進めつつ、他方で男女を問わず移民の流入の阻止に動いている。その背景にあるのは、工業社会から脱工業社会への転換にともない、身体的能力から言語的コミュニケーション能力への職業能力のシフトが生じているなかで、文化や言語を共有し、「コミュニケーション能力」の点ではむしろ若年男性より高いとさえみられる女性や高齢者の就労を促進し、労働市場へ包摂する一方で、文化や言語を異にし、それゆえに「コミュニケーション能力」が劣るとされる移民を排除しようとする、労働市場戦略の転換である。その意味で女性・高齢者と移民は、あたかも写真のネガとポジのように、産業構造の転換にともなって「包摂される存在」と「排除される存在」という位置を「反転」させてきたともいえるだろう。

レンブラントの『夜警』の中ほどやや左奥には、顔を半分だけ覗かせて周囲をうかがっている男性が描かれている(本章扉参照)。勇壮さを競う自警団の面々とは異質な、どこか醒めた目で様子を他人事のように眺めているこの人物は、レンブラント本人ではないかと言われている(ボナフー、二〇〇二)。一六四二年に制作されたこの絵は、数奇な運命をたどって現在、アムステルダムの国立美術館に安住の地を得ている。一七世紀、ヨーロッパ近代の幕開けの時代にあって、光と影が鋭く交差する情景を見つめていたこの人物の眼は、ポスト近代へと移行しつつある二一世紀の現代において、光と影が反転し、新たな交差の様相が出現するなかに、何を見ているのであろうか。

(1)　ワークフェア型福祉国家における業績主義重視の発想と福祉排外主義(福祉ショービニズム)との関連性についての指摘として、宮本(二〇〇四a)を参照。

(2)　インターネットの発達などにより英語化がいっそう進展しつつあるようにみえる現代において、各国において自国(自集団)の言語の役割が再浮上し、外国人や移民・外部集団に対してはむしろ障壁を高めているという逆説的な状況が生じている問題については、あまりその重要性が認識されていないのではないか。確かに多国籍企業や研究機関・国際機関などに勤務する人々においては、英語(場合によってはフランス語)などの共通言語が存在し、外国人が当該社会の言語を習得する必要性は高くない。しかしそれは実際には一部のエリート層に限定された現象であって、特に非西洋圏出身者に対しては、当該社会の言語の習得が求められていく可能性が高い。また「言語による障壁」を考えるさいには、近年ヨーロッパでエスニック紛争や分離独立運動が全般に沈静化するなかで、ベルギーだけは主要二言語(オランダ語とフランス語)をめぐる対立が先鋭化し、組閣さえままならぬ紛争状態が続いていることにも注目すべきだろう。

(3) その点で、移民がオランダで課せられている「オランダ社会に関する知識」の試験が、単に知識を問うというより、オランダ的、あるいは西洋的文化を規範として提示し、それへの一方的順応を求めるものになっていることは興味深い。たとえばある問題例では、「職場の管理者(男性)にたまたま初めて顔を合わせた女性新人職員はどうすべきか」という設問に、解答の選択肢が写真つきで以下のように三つ用意されている。(A)握手のため自分から手を差しのべ、自己紹介する。(B)作業を続け、彼には手を振るのみ。(C)彼の方から何か彼女に話しかけるまで待つ。正解は(A)。妥当な解答とみえるかもしれないが、オランダでは二〇〇四年、女性のフェルドンク大臣が男性のイスラム指導者に握手を拒まれた「事件」が騒ぎとなり、イスラム批判に拍車をかけたことを考えると、あえて異性間の握手を正解とする出題の意図に、間接的なイスラム批判があるようにもみえる。他方(B)は、礼儀をわきまえず、握手もしようとしない、「非西洋的・非文明的」あり方を象徴するかのようだ。そして(C)に示されているのは、受動的で自己主張をしない「東洋的」あり方ともいえる。これらと対照的に(A)で描かれているのは、握手という「西洋的」文化を体得し、的確に対応できる「文明的」なあり方に思える。そしてこの身体的・言語的表現を用いて積極的に「コミュニケーション」しようとする「女性労働者」のなかに、「コミュニケーション」を重視し、女性の活用を進める「ポスト近代社会」における、規範的労働者像が投影されている、というのは言い過ぎだろうか。

# 参考文献

## 外国語文献

Aarts, Leo J. M., Richard V. Burkhauser and Philip R. de Jong eds., 1996, *Curing the Dutch Disease: An International Perspective on Disability Policy Reform*, Aldershot: Avebury.

Akkerman, Agnes, 2005, "Verhoudingen tussen de sociale partners in Nederland anno 2005: Corporatisme of lobbyisme?" *b en m*, vol. 32, no. 4, pp. 187–198.

Akkermans, Tinie, 1999, *Redelijk bewogen: De koers van de FNV 1976–99*, Amsterdam: FNV.

Balkenende, Jan Peter, 2002, *Anders en beter: Pleidooi voor een andere aanpak in de politiek vanuit een christen-democratische visie op samenleving, overheid en politiek*, Soeterberg: Aspekt.

Becker, Frans, Wim van Hennekeler and Menno Hurenkamp eds., 2006, *Vier Jaar Balkenende*, Amsterdam: Wiardi Beckman Stichting.

Bekker, Sonja and Ton Wilthagen, 2008, "Flexicurity? A European Approach to Labour Market Policy," *Intereconomics*, vol. 43, no. 2, pp. 68–73.

Bélanger, Eric and Kees Aarts, 2006, "Explaining the Rise of the LPF: Issues, Discontent, and the 2002 Dutch Election," *Acta Politica*, vol. 41, no. 1, pp. 4–20.

Berg, J. Th. J. van den, A. Ph. C. M. Jaspers and M. G. Rood eds., 1992, *De SVr 40 jaar: Einde van een tijdperk, een nieuw begin?* Zoetermeer: Sociale Verzekeringsraad.

Bosscher, D. F. J., 2005, "De buitenkant van Fortuyn," in *Jaarboek 2003*, Documentatiecentrum Nederlandse Politieke Partijen, Groningen: Rijksuniversiteit Groningen, pp. 232–248.

Bruggeman, Jan and Paula van der Houwen, 2005, *Voorbij Wassenaar: De Stichting van de Arbeid 1982/2005*, Den Haag: Stichting van de Arbeid.

Bussemaker, Jet and Kees van Kersbergen, 1994, "Gender and Welfare States: Some Theoretical Reflections," in Diane Sainsbury ed., *Gendering Welfare States*, London: Sage, pp. 8–25.

Campen, Cretien van ed., 2008, *Values on a Grey Scale: Elderly Policy Monitor*, The Hague: SCP.

Camphuis, Willem, 2009, *Tussen analyse en opportuniteit: De SER als adviseur voor de loon- en prijspolitiek*, Amsterdam: Askant.

Cattacin, Sandro, Matteo Gianni, Markus Manz and Veronique Tattini, 1999, "Workfare, Citizenship and Social Exclusion," in Jet Bussemaker ed., *Citizenship and Welfare State Reform in Europe*, London: Routledge, pp. 58–69.

CBS (Centraal Bureau voor de Statistiek), 2003, *Allochtonen in Nederland 2003*, Voorburg/Heerlen: Centraal Bureau voor de Statistiek.

CBS (Centraal Bureau voor de Statistiek), 2010, *Jaarrapport Integratie 2010*, Voorburg/Heerlen: Centraal Bureau voor de Statistiek.

Chavannes, Mark, 1994, *De stroperige staat: Kanttekeningen bij de liefste democratie op aarde*, Amsterdam/Antwerpen: Contact.

Chorus, Jutta and Menno de Galen, 2002, *In de ban van Fortuyn: Reconstructie van een politieke aardschok*, Olympus.

Chorus, Jutta and Ahmet Olgun, 2005, *In godsnaam: Het jaar van Theo van Gogh*, Amsterdam/Antwerpen: Contact.

Cox, Robert H., 2001, "Explaining the Paradox of the Polder Model: Warts and All," in Frank Hendriks and Theo A. J. Toonen eds., *Polder Politics: The Re-invention of Consensus Democracy in the Netherlands*, Aldershot: Ashgate, pp. 241–263.

Drayer, Elma, 2010, *Verwende prinsesjes: Portrait van de Nederlandse vrouw*, Amsterdam: De Bezige Bij.

Eijk, M. C. P. van, T. J. van der Ploeg, H. J. de Ru, J. W. Sap and A. Soeteman eds., 1993, *Gesloten of open overlegstelsel*, s-Gravenhage: Sdu Juridische & Fiscale Uitgeverij.

Ellemers, J. E., 2004, "Het fenomeen Fortuyn: De revolte verklaard," in *Jaarboek 2002*, Documentatiecentrum Nederlandse Politieke Partijen, Groningen: Rijksuniversiteit Groningen, pp. 252–266.

Engbersen, Godfried, Joanne van der Leun, Richard Staring and Jude Kehla, 1999, *Inbedding en uitsluiting van illegale vreemdelingen*, Amsterdam: Boom.

Esping-Andersen, Gøsta, 1990, *The Three Worlds of Welfare Capitalism*, Cambridge: Polity

Press.（エスピン＝アンデルセン著、岡沢憲芙・宮本太郎監訳『福祉資本主義の三つの世界――比較福祉国家の理論と動態』ミネルヴァ書房、二〇〇一年）

Esping-Andersen, Gøsta, 1996a, "After the Golden Age?: Welfare State Dilemmas in a Global Economy," in Gøsta Esping-Andersen ed., *Welfare States in Transition: National Adaptations in Global Economies*, London: Sage, pp. 1-36.（エスピン＝アンデルセン「黄金時代の後に？――グローバル時代における福祉国家のジレンマ」、エスピン＝アンデルセン編、埋橋孝文監訳『転換期の福祉国家――グローバル経済下の適応戦略』早稲田大学出版部、二〇〇三年、一―五一ページ）

Esping-Andersen, Gøsta, 1996b, "Welfare States without Work: The Impasse of Labour Shedding and Familialism in Continental European Social Policy," in Gøsta Esping-Andersen ed., *Welfare States in Transition: National Adaptations in Global Economies*, London: Sage, pp. 66-87.（エスピン＝アンデルセン「労働なき福祉国家――大陸ヨーロッパ社会政策における労働削減政策と家族主義の袋小路」、エスピン＝アンデルセン編、埋橋孝文監訳『転換期の福祉国家――グローバル経済下の適応戦略』早稲田大学出版部、二〇〇三年、一〇七―一四〇ページ）

Esping-Andersen, Gøsta, 1999, *Social Foundations of Postindustrial Economies*, Oxford: Oxford University Press.（エスピン＝アンデルセン著、渡辺雅雄・渡辺景子訳『ポスト工業経済の社会的基礎――市場・福祉国家・家族の政治経済学』桜井書店、二〇〇〇年）

Eyerman, Ron, 2008, *The Assassination of Theo van Gogh: From Social Drama to Cultural*

*Trauma*, Durham/London: Duke University Press.

Fennema, Meindert, 2010, *Geert Wilders: Tovenaarsleerling*, Amsterdam: Bert Bakker.

Ferrera, Maurizio and Martin Rhodes eds., 2000, *Recasting European Welfare States*, London: Frank Cass.

FNV, 2000, *De arbeidsmarkt op z'n kop, De FNV-inzet voor knelpunten*, Amsterdam: Stichting FNV Pers.

Fortuijn, W. P. S., 1980, *Sociaal-economische politiek in Nederland 1945–1949*, Rijksuniversiteit te Groningen.

Fortuyn, Pim, 2001a, *De islamisering van onze cultuur: Nederlandse identiteit als fundament*, Uithoorn/Rotterdam: Karakter/Speakers Academy.

Fortuyn, Pim, 2001b, *Droomkabinet: Hoe Nederland geregeerd moet worden*, Amsterdam: Van Gennep.

Fortuyn, Pim, 2002a, *De puinhopen van acht jaar paars*, Uithoorn/Rotterdam: Karakter/Speakers Academy.

Fortuyn, Pim, 2002b, *Autobiografie van een babyboomer: Het persoonlijke en openhartige levensverhaal van een eigenzinnige outsider die zich, tegen de stroom in, ontwikkelde tot een politicus van groot format*, Uithoorn/Rotterdam: Karakter/Speakers Academy.

Garschagen, Oscar, 2002, *Pim Fortuyn: De opkomst, de moord, de nasleep*, Rotterdam/Utrecht: Algemeen Dagblad/Het Spectrum.

Gemeente Rotterdam, 2006–2009, *Evaluatie Huisvestingsvergunning Rotterdam*, Rotterdam: Centrum voor Onderzoek en Statistiek.

Giddens, Anthony, 1998, *The Third Way: The Renewal of Social Democracy*, Cambridge: Polity.（アンソニー・ギデンズ著、佐和隆光訳『第三の道――効率と公正の新たな同盟』日本経済新聞社、一九九九年）

Hart, J. de and P. Dekker, 1999, "Civic Engagement and Volunteering in the Netherlands," in J. van Deth, M. Maraffi, K. Newton and P. Whiteley eds., *Social Capital and European Democracy*, London: Routledge, pp. 75–107.

Häusermann, Silja, 2010, *The Politics of Welfare State Reform in Continental Europe: Modernization in Hard Times*, Cambridge: Cambridge University Press.

Hemerijck, Anton and Kees van Kersbergen, 1997, "A Miraculous Model? Explaining the New Politics of the Welfare State in the Netherlands," *Acta Politica*, vol. 32, no. 3, pp. 258–280.

Hemerijck, Anton, Philip Manow and Kees van Kersbergen, 2000, "Welfare without Work?: Divergent Experiences of Reform in Germany and the Netherlands," in Stein Kuhnle ed., *Survival of the European Welfare State*, London: Routledge, pp. 106–127.

Hendriks, Frank, 2001, "Polder Politics in the Netherlands: The 'Viscous State' Revisited," in Frank Hendriks and Theo A. J. Toonen eds., *Polder Politics: The Re-invention of Consensus democracy in the Netherlands*, Aldershot: Ashgate, pp. 21–40.

Heringa, A. W. and T. Zwart, 1987, *Grondwet 1983*, Zwolle: W.E.J. Tjeenk Willink.

Hippe, Joop, Paur Lucardie and Gerrit Voerman, 2004, "Kroniek 2002: Overzicht van de partijpolitieke gebeurtenissen van het jaar 2002," in *Jaarboek 2002*, Documentatiecentrum Nederlandse Politieke Partijen, Groningen: Rijksuniversiteit Groningen, pp. 18–180.

Huber, Evelyne, Charles Ragin and John D. Stephens, 1993, "Social Democracy, Christian Democracy, Constitutional Structure, and the Welfare State," *American Journal of Sociology*, vol. 99, no. 3, pp. 711–749.

Industriebond FNV, 1993, *Arbeidsvoorwaarden: Keuze in tijd*, Amsterdam: Stichting FNV Pers.

Ireland, Patrick, 2004, *Becoming Europe: Immigration, Integration, and the Welfare State*, Pittsburgh: The University of Pittsburgh Press.

Kalyvas, Stathis, 1996, *The Rise of Christian Democracy in Europe*, Ithaca: Cornell University Press.

Kersbergen, Kees van, 1995, *Social Capitalism: A Study of Christian Democratic Welfare State*, London: Routledge.

Kersbergen, Kees van, 2009, "Religion and the Welfare State in the Netherlands," in Kees van Kersbergen and Philip Manow eds., *Religion, Class Coalitions, and Welfare States*, Cambridge: Cambridge University Press, pp. 119–145.

Kersbergen, Kess van and Philip Manow eds., 2009, *Religion, Class Coalitions, and Welfare States*, Cambridge: Cambridge University Press.

Kitschelt, Herbert, 1995, *The Radical Right in Western Europe: A Comparative Analysis*, Ann

Arbor: The University of Michigan Press.

Kleinnijenhuis, Jan, Dirk Oegema, Jan de Ridder, Anita van Hoof and Rens Vliegenthart, 2003, *De puinhopen in het nieuws: De rol van de media bij de Tweede-Kamerverkiezingen van 2002*, Alphen aan den Rijn/Mechelen: Kluwer.

Lahav, Gallya, 2004, *Immigration and Politics in the New Europe: Reinventing Borders*, Cambridge: Cambridge University Press.

Lakeman, Pieter, 1999, *Binnen zonder kloppen: Nederlandse immigratiepolitiek en de economische gevolgen*, Amsterdam: Meulenhoff.

Lucassen, Leo and Jan Lucassen, 2011, *Winnaars en verliezers: Een nuchtere balans van vijfhonderd jaar immigratie*, Amsterdam: Bert Bakker.

Mamadouh, V. and H. van der Wusten, 2004, "Eindstand van een diffusieproces: Het geografisch patroon van de steun voor de LPF," in *Jaarboek 2002*, Documentatiecentrum Nederlandse Politieke Partijen, Groningen: Rijksuniversiteit Groningen, pp. 181–205.

Manow, Philip and Eric Seils, 2000, "The Employment Crisis of the German Welfare State," in Maurizio Ferrera and Martin Rhodes eds., *Recasting European Welfare States*, London: Frank Cass, pp. 137–160.

Mees, H., 2007, *Weg met het deeltijdfeminisme!* Amsterdam: Nieuw Amsterdam.

Merens, A., 2008, "Vijftig jaar deeltijdwerk in Nederland: Ontstaan en ontwikkeling van deeltijdbanen," in W. Portegijs, M. Coloïn, S. Keuzenkamp, A. Merens and E. Steenvoorden eds.,

*Verdeelde tijd: Waarom vrouwen in deeltijd werken*, Den Haag: Sociaal en Cultureel Planbureau, pp. 22–40.

Mierlo, J. G. A. van ed., 1991, *Particulier initiatief in de gezondheidszorg*, Assen: Van Gorcum.

Muus, Philip, 2003, "An International Comparison of Migration and Immigrant Policy with Respect to Immigrants from Turkey and their Participation in the Labour Market," in Louk Hagendoorn, Justus Veenman and Wilma Vollebergh eds., *Integrating Immigrants in the Netherlands: Cultural versus Socio-Economic Integration*, Aldershot: Ashgate, pp. 17–40.

Nakatani, Ayami, 2010, "From Housewives to 'Combining Women': Part-time Work, Motherhood, and Emancipation in the Netherlands,"『日蘭学会会誌』第三四巻第1号、一―三一ページ。

Nekuee, Shervin and Bart Top, 2006, "Nederlander worden: Het examen voor nieuwkomers als oefening in spijtwraak," in Frans Becker et al. eds., *Vier Jaar Balkenende*, Amsterdam: Wiardi Beckman Stichting, pp. 148–156.

OECD, 1996, *Employment Outlook*, Paris: OECD.

OECD, 1998, *Economic Surveys: the Netherlands*, Paris: OECD.

OECD, 2000, *Employment Outlook*, Paris: OECD.

OECD, 2008, *Growing Unequal? Income Distribution and Poverty in OECD Countries*, Paris: OECD.

Oosthoek, Albert, 2005, *Pim Fortuyn en Rotterdam*, Rotterdam: Ad.Donker.

Ornstein, Leonard, 2012, *De jonge Fortuyn*, Amsterdam: De Bezige Bij.

Pfau-Effinger, Birgit, 2004, *Development of Culture, Welfare States and Women's Employment in Europe*, Aldershot: Ashgate.

Poorthuis, Frank, 2002, "Mens en meningen: De man met de paraplu," in Frank Poorthuis ed., *Balkenende*, Amsterdam: Meulenhoff/de Volkskrant, pp. 9–16.

Portegijs, W., 2008, "Opvattingen over arbeidsduur van vrouwen (en mannen)," in W. Portegijs and S. Keuzenkamp eds., *Nederland Deeltijdland: Vrouwen en deeltijdwerk*, Den Haag: Sociaal en Cultureel Planbureau, pp. 31–45.

Praag, Ph. van, 2003, "De LPF-Kiezer: Rechts, cynisch of modaal," in *Jaarboek 2001*, Documentatiecentrum Nederlandse Politieke Partijen, Groningen: Rijksuniversiteit Groningen, pp. 96–115.

Roebroek, Joop M., 1993, *The Imprisoned State: The Paradoxical Relationship Between State and Society*, Tilburg: Tilburg University.

Rogowski, Ralf, 2008, "Governance of the European Social Model: The Case of Flexicurity," *Intereconomics*, vol. 43, no. 2, pp. 82–91.

Salverda, W., M. van Klaveren and M. van der Meer eds., 2008, *Low-Wage Work in the Netherlands*, New York: Russel Sage Foundation.

Sap, J. W., 1998, *Kritiek op de staat: Voorwerk voor staatkundige, bestuurlijke en staatsrechtelijke vernieuwing*, Groningen: Wolters-Noordhoff.

Siaroff, Alan, 1994, "Work, Welfare and Gender Equality: A New Typology," in Diane Sainsbury ed., *Gendering Welfare States*, London: Sage, pp. 82–100.

Smeets, H. M. A. G., S. Groeneveld and J. Veenman, 2004, *Jaarboek Minderheden 2004*, Houten: Bohn Stafleu Van Loghum.

Sociaal-Economische Raad, 2006, *Evaluatie adviezen en rapporten periode 2001–2005*, Den Haag: SER.

Steenvoorden, E. and S. Keuzenkamp, 2008, "Een Nederlands patroon? Deeltijdwerk internationaal bezien," in W. Portegijs, M. Coloïn, S. Keuzenkamp, A. Merens, and E. Steenvoorden eds., *Verdeelde tijd: Waarom vrouwen in deeltijd werken*, Den Haag: Sociaal en Cultureel Planbureau, pp. 42–61.

Stellinga, Marike, 2009, *De mythe van het glazen plafond*, Amsterdam: Balans.

Streek, Hillie van de, 1993, "Moeder in het gezin: De invloed van de opvattingen over vrouwen op beleid en samenleving," in Kees van Kersbergen et al. eds., *Geloven in macht: De christen-democratie in Nederland*, Amsterdam: Het Spinhuis, pp. 187–208.

't Hart, Marjolein, 2009, "Mutual Advantages: State Bankers as Brokers between the City of Amsterdam and the Dutch Republic," in Oscar Gelderblom ed., *The Political Economy of the Dutch Republic*, Farnham: Ashgate, pp. 115–142.

Therborn, Göran, 1989, "'Pillarization' and 'Popular Movements,' Two Variants of Welfare State Capitalism: The Netherlands and Sweden," in Francis G. Castles ed., *The Comparative His-*

*tory of Public Policy*, Cambridge: Polity Press, pp. 192–241.

Tweede Kamer der Staten-Generaal, 1992–1993a, *Enquête naar het functioneren van de organen belast met de uitvoering van de sociale-verzekeringswetten*.

Tweede Kamer der Staten-Generaal, 1992–1993b, *Raad op maat: Rapport van de bijzondere commissie Vraagpunten Adviesorganen*.

Velde, Henk te, 2007, "Het poldermodel: Een introductie," in Dennis Bos, Maurits Ebben and Henk te Velde eds., *Harmonie in Holland: Het poldermodel van 1500 tot nu*, pp. 9–29.

Velden, Sjaak van der, 2005, *Werknemers georganiseerd: Een geschiedenis van de vakbeweging bij het honderdjarig jubileum van de Federatie Nederlandse Vakbeweging (FNV)*, Amsterdam: Askant.

Verhoeven, Jan Piet, 2002, "Regeerakkoord 1998: Effecten op social beleid," *Sociaal bestek*, November 2002.

Vermeend, Willem and Emile Bode, 2010, *Het minderheidskabinet*, Den Haag: Einstein Books.

Versteegh, Kees, 1999, *De honden blaffen: Waarom het CDA geen oppositie kan voeren*, Amsterdam: Bert Bakker.

Visser, Jelle and Anton Hemerijck, 1997, *'A Dutch Miracle': Job Growth, Welfare Reform and Corporatism in the Netherlands*, Amsterdam: Amsterdam University Press.

Vlek, Ruud, 1997, *Inactieven in actie: Belangenstrijd en belangenbehartiging van uitkeringsgerechtigden in de Nederlandse politiek 1974–1994*, Groningen: Wolters-Noordhoff.

Vries, Jouke de, 2006, "Balkenende en het onderbroken evenwicht in de Nederlandse politiek," in Frans Becker et al. eds., *Vier Jaar Balkenende*, Amsterdam: Wiardi Beckman Stichting, pp. 24-37.

Wilders, Geert, 2005, *Kies voor vrijheid: Een eerlijk antwoord*, Den Haag: Groep Wilders.

## 邦語文献

青木省三、二〇一一、『時代が締め出すこころ――精神科外来から見えること』岩波書店。

大西吉之、二〇〇二、「共和国期オランダにおける孤児救貧の発展――アムステルダムの事例から」、『日蘭学会会誌』第二七巻第一号、一七―三三ページ。

角橋徹也、二〇〇一、「オランダの男女平等社会実現へのシナリオ――アンペイドワークの社会経済政策」、『経済』第六七号、九〇―一〇五ページ。

岸本由子、二〇〇九、「オランダ型議院内閣制の起源――議会内多数派と政府との相互自律性」、『国家学会雑誌』第一二二巻第七・八号、一〇二四―一〇七八ページ。

貴戸理恵、二〇一一、『「コミュニケーション能力がない」と悩むまえに――生きづらさを考える』岩波書店。

久保幸恵、二〇一〇、「オランダは「寛容」な国か？――スケープゴートにされるムスリムたち」、『日蘭学会会誌』第三四巻第一号、二三―三七ページ。

久保山亮、二〇〇五、「欧州諸国における移民政策と国内政治――イギリスとドイツの中道左派政権下での移民政策の構造転換」、山口二郎・宮本太郎・小川有美編『市民社会民主主義への挑戦――ポスト「第三の道」のヨーロッパ政治』日本経済評論社、一八九―二二一ページ。

権丈英子、シブ・グスタフソン、セシール・ウェッツェルス、二〇〇三、「オランダ、スウェーデン、イギリス、ドイツにおける典型労働と非典型労働――就業選択と賃金格差」、大沢真知子、スーザン・ハウスマン編、大沢真知子監訳『働き方の未来――非典型労働の日米欧比較』日本労働研究機構、二三二―二六二ページ。

権丈英子、二〇〇八、「改正パートタイム労働法のインパクト――経済学的考察」、『日本労働研究雑誌』第五七六号、七〇―八三ページ。

権丈英子、二〇〇九、「国際比較からみる日本のワーク・ライフ・バランス」、『ジュリスト』第一三八三号、一〇―二〇ページ。

近藤正基、二〇一一、「統一ドイツの福祉レジーム」、新川敏光編著『福祉レジームの収斂と分岐――脱商品化と脱家族化の多様性』ミネルヴァ書房、一九九―二一八ページ。

齋藤純一、二〇〇四、「社会的連帯の理由をめぐって――自由を支えるセキュリティ」、齋藤純一編著『福祉国家／社会的連帯の理由』ミネルヴァ書房、二七一―三〇八ページ。

佐藤弘幸、二〇一二、『図説 オランダの歴史』河出書房新社。

渋谷望、二〇〇三、『魂の労働――ネオリベラリズムの権力論』青土社。

島田幸典、二〇一一、「ナショナル・ポピュリズムとリベラル・デモクラシー――比較分析と理論研究のための視角」、河原祐馬・島田幸典・玉田芳史編『移民と政治――ナショナル・ポピュリズムの国際比較』昭和堂、一―二五ページ。

下平好博、二〇〇七、「転機に立つオランダの移民統合政策」、『季刊労働法』第二一九号、五二

―七一ページ。

鈴木尊紘、二〇一〇、「移民に入国先の共同体理解を求める試み――フランス及びオーストラリアにおける法と実践を中心に」、『レファレンス』二〇一〇年三月号、六七―八五ページ。

全国社会福祉協議会編、一九八九、『オランダの社会福祉』全国社会福祉協議会。

高橋進、二〇一〇、「包摂と排除の国際比較――外国人労働者、移民、ムスリム問題」、高橋進編著『包摂と排除の比較政治学』ミネルヴァ書房、四四―七二ページ。

武川正吾、二〇〇四、「ワークフェアの射程と限界」、『海外社会保障研究』第一四七号、二ページ。

田中拓道、二〇一一、「フランス福祉レジームの変容」、新川敏光編著『福祉レジームの収斂と分岐――脱商品化と脱家族化の多様性』ミネルヴァ書房、二一九―二三七ページ。

土倉莞爾、二〇一一、『拒絶の投票――二一世紀フランス選挙政治の光景』関西大学出版部。

長坂寿久、二〇〇〇、『オランダモデル――制度疲労なき成熟社会』日本経済新聞社。

中谷文美、二〇〇八、「働くことと生きること――オランダの事例に見る「ワーク・ライフ・バランス」」、倉地克直・沢山美果子編『働くことととジェンダー』世界思想社、二一四―二三九ページ。

ナカミズ、エレン、一九九六、「日本在住ブラジル人労働者における社会的ネットワークと日本語の使用」、『阪大日本語研究』第八号、五七―七一ページ。

中村達也、二〇一〇、「GDPと自由時間」、『生活経済政策』第一六三号、四―九ページ。

ネル＝ブロイニング、オズヴァルド・フォン、一九八七(原著一九七七)、『カトリック教会の社会教説――教導職諸文書の解説』本田純子・田淵文男訳、女子パウロ会。

野田昌吾、二〇一〇、「包摂と排除の比較政治学――問題の所在」、高橋進編著『包摂と排除の比較政治学』ミネルヴァ書房、一―一四ページ。

畑山敏夫、一九九七、『フランス極右の新展開――ナショナル・ポピュリズムと新右翼』国際書院。

濱口桂一郎、二〇〇九、『新しい労働社会――雇用システムの再構築へ』岩波書店。

濱口桂一郎、二〇一一、『日本の雇用と労働法』日本経済新聞社。

濱口桂一郎、二〇〇五―二〇一二、「hamachan ブログ(EU労働法政策雑記帳)」http://eulabourlaw.cocolog-nifty.com/

久本憲夫、二〇一〇、『日本の社会政策』ナカニシヤ出版。

平塚眞樹、二〇一〇、「若者移行期の変容とコンピテンシー・教育・社会関係資本」、本田由紀編『転換期の労働と〈能力〉』大月書店、二〇五―二三七ページ。

ヒルシ・アリ、アヤーン、二〇〇八、『もう、服従しない――イスラムに背いて、私は人生を自分の手に取り戻した』矢羽野薫訳、エクスナレッジ。

廣瀬真理子、二〇〇八、「オランダの女性就労の高まりと「ワーク・ライフ・バランス」政策」、『世界の労働』二〇〇八年六月号、三四―三九ページ。

フェーガン、コレット、ケビン・ワード、二〇〇三、「イギリスとオランダの非典型労働――両国の法規制は統合に向かうのか」、大沢真知子、スーザン・ハウスマン編、大沢真知子監訳『働き方の未来――非典型労働の日米欧比較』日本労働研究機構、五九―九三ページ。

フリース、J・ド、A・ファン・デァ・ワウデ、二〇〇九(原著一九九七)、『最初の近代経済――オランダ経済の成功・失敗と持続力 一五〇〇―一八一五』大西吉之・杉浦未樹訳、名古屋大学出版会。

ペニンクス、リーヌス、二〇〇二、「オランダにおける移民と統合政策」、『NIRA政策研究』第一五巻第一号、一二―一六ページ。

ボナフー、パスカル、二〇〇一(原著一九九〇)、『レンブラント――光と影の魔術師』村上尚子訳、創元社。

本田由紀、二〇〇五、『多元化する「能力」と日本社会――ハイパー・メリトクラシー化のなかで』NTT出版。

本田由紀、二〇一〇、「ポスト近代社会化のなかの「能力」」、本田由紀編『転換期の労働と〈能力〉』大月書店、一一―五八ページ。

松浦真理、二〇〇九、「オランダ:市場原理導入と公共性――進歩的な雇用対策の陰で健在な母性神話」、科学研究費補助金基盤研究(C)報告書『子育て支援制度の整合性・公共性・平等性に関する国際比較研究』五一―七九ページ。

松尾秀哉、二〇一〇、『ベルギー分裂危機――その政治的起源』明石書店。

水島治郎、二〇〇一a、『戦後オランダの政治構造――ネオ・コーポラティズムと所得政策』東京大学出版会。

水島治郎、二〇〇一b、「「分極化戦略」と「行動政党」――オランダ労働党における政権戦略と組織原理の転換」、『甲南法学』第四一巻第三・四号、二八九―三四二ページ。

水島治郎、二〇〇四、「アムステルダムにおける「都市と公共性」」、今田高俊・金泰昌編『都市から考える公共性』東京大学出版会、二九三―三〇五ページ。

水島治郎、二〇〇八a、「キリスト教民主主義とは何か――西欧キリスト教民主主義概論」、田口晃・土倉莞爾編著『キリスト教民主主義と西ヨーロッパ政治』木鐸社、一九―四四ページ。

水島治郎、二〇〇八b、「オランダにおけるキリスト教民主主義――その危機と変容」、田口晃・土倉莞爾編著『キリスト教民主主義と西ヨーロッパ政治』木鐸社、一二七―一五五ページ。

水島治郎、二〇〇九、「オランダの労働運動――コーポラティズムと対抗戦略」、新川敏光・篠田徹編著『労働と福祉国家の可能性――労働運動再生の国際比較』ミネルヴァ書房、一九七―二一三ページ。

水島治郎、二〇一〇、「現代オランダにおける三者協議制――「政労使」と「公労使」」、『千葉大学法学論集』第二五巻第一号、一三五―一五七ページ。

水島治郎、二〇一一、「ワーク・ライフ・バランス――「健康で豊かな生活のための時間」を目指して」、齋藤純一・宮本太郎・近藤康史編著『社会保障と福祉国家のゆくえ』ナカニシヤ出版、一八三―二〇五ページ。

宮本太郎、二〇〇四a、「ワークフェア改革とその対案――新しい連携へ?」、『海外社会保障研究』第一四七号、二九―四〇ページ。

宮本太郎、二〇〇四b、「新しい右翼と福祉ショービニズム」、齋藤純一編著『福祉国家/社会的連帯の理由』ミネルヴァ書房、五五―八五ページ。

宮本太郎、二〇〇九、「排除しない社会への生活保障」、『北海道自治研究』第四八六号、二―一一ページ。

諸富徹、二〇一〇、『地域再生の新戦略』中央公論新社。

吉田信、二〇〇四、「包摂と排除の政治力学――オランダにおける市民権／国籍の過去・現在・未来」、『地域研究』第六巻第二号、八一―一〇〇ページ。

労働政策研究・研修機構編、二〇一二、『日本の雇用終了――労働局あっせん事例から』労働政策研究・研修機構。

脇坂明、二〇〇二、『日本型ワークシェアリング』ＰＨＰ研究所。

# あとがき

本書執筆のもとになった構想が浮かんだのは、いわゆるオランダモデル論が一世を風靡していた、二一世紀初めのころである。

そのころ、オランダ型の雇用・福祉改革が、構造改革に苦しむ各国のモデルとして広く称揚されていた。確かに、本書でみたように、オランダで進展した包摂的な雇用・福祉改革は、欧米諸国のなかでも特に先進的な内容を含んでおり、それ自体が重要な研究対象となりうるものだった。しかし他方、現実のオランダでは徐々に、二〇〇二年以降はドラスティックに移民の排除が進行していた。社会的な軋轢が高まるとともに、それが連続する血なまぐさい事件の引き金ともなった。むしろ「アンチ・モデル」とさえいいうる状況が展開するなかで、雇用・福祉改革を軸とした「オランダモデル」論は、あたかも前者と無関係のごとく喧伝されており、そこに私は一種の違和感を覚えていた。そしてふと気づけば、「包摂」をキーワードとした福祉・雇用改革の方向、そして移民・難民に対する「排除」の強化は、オランダのみならず先進各国、そしてEUレベルにおいても並行して着実に進展していたのである。

そうだとすれば、「包摂」と「排除」という、一見相反する二つの現象に通底する構造変容は何か。オランダ研究者、いやヨーロッパ研究者として、実証研究から出発しつつ、この問題に自分なりの論理を組み立てて、取り組んでみようと考えたのが本書のきっかけだった。

特に第四章で詳しく論じたように、この「包摂」と「排除」に通底するロジックとは、「参加」の論理であった。近年の福祉国家再編において顕著な特徴は、福祉国家におけるシティズンシップの条件に「参加」を要求するようになったことであるが、労働や市民生活への積極的参加を市民に求めるこの「参加型社会」への転換を受けて、各国は女性や高齢者も含む多様な人々の参加を進めて「包摂」しつつ、同時に「参加」の見込みが薄いとされる移民・外国人の多数はあらかじめ「排除」の対象とする方向にシフトしている。「参加」の論理のもとで、「包摂」と「排除」は同じ現象を別の側面から切り取ったものに過ぎなかったのである。

そしてこの「参加型社会」への転換の背景にあるのは、サービス化・情報化が進んだ脱工業社会の到来、いいかえれば、人々が取り結ぶコミュニケーションそのものが価値を生み出していく「ポスト近代社会」の出現だった。人々の積極的な参加を前提とし、コミュニケーションを重視するこの「ポスト近代社会」においては、特に言語を通じたコミュニケーション能力の有無が、個々人の社会的価値に容赦なく連動していく。そしてその能力の有無の測定が、移民に対するシティズンシップ・テストとして活用されることで、言語・文化を共有しない移民に対しては、多くの場合、「排除」を生み出すことになったのである。

なお、本書の範囲を超えるテーマではあるが、この「コミュニケーション能力」に対する過剰とも思える依存は、現代社会のさまざまな場面において、看過できない問題をはらんでいるように思う。

たとえば、「大学で何を勉強したのか」をまともに問わず、むしろ「コミュニケーション能力」の有無ばかり重視されることもある、考えてみれば奇妙な就職面接。あるいは、状況をわきまえない発言をする人に一方的に貼られるレッテルとしての、〝KY(空気が読めない)〟。さらには、知的能力に問題がない場合が多いにもかかわらず、言動・行動のあり方に問題を見出され、コミュニケーションに難があるとして「障害」とみなされるようになった「発達障害」の出現。

精神科医の青木省三は、『時代が締め出すこころ』のなかで、近年増加している「発達障害」の背景として、「産業構造の変化や地域社会の変容」のもと、従来求められてこなかった「コミュニケーション能力」が要求されるようになったことがあるのではないか、と示唆している(青木、二〇一一)。現代において「コミュニケーション能力がない」と判定されることは、身近な仲間集団から全国レベルの労働市場に至るまで、あらゆる場面で「排除」の対象とされる危険を意味しているのである。

しかし、教育社会学者の貴戸理恵が論じるように、「コミュニケーション能力」とはそもそも測定が困難な「能力」である。コミュニケーションが成立するかどうかは、当人の置かれた状況、他者との間の「関係性」に強く依存するものであって、個々人の能力に還元するには無理があるからである(貴戸、二〇一一)。その相対的な「能力」が、あたかも絶対的な重みを持って規範的に作用するならば、「排除」のスパイラルは終わることとなく続くだろう。

むしろ必要なことは、やはり貴戸が述べるように、個人の側に一方的に「コミュニケーション能力」欠如の責任を負わせるのではなく、社会の側が自らを「反省的に問い直す」ことを通じて、双方向的なコミュニケーションの可能性を探っていくことではないか。コミュニケーション上の問題が発生した場合、実は多数派の側にその責任があることも、十分ありうるのである。なおその点でポピュリズム的な政治のあり方は、一見積極的な情報発信や切れの良い表現を駆使し、市民の「参加」を促し、卓越したコミュニケーション能力を発揮しているようにみえて、その実自らのコミュニケーションのモードに合致しない少数派については、あっさり排除して双方向的なコミュニケーションの回路を閉ざしてしまう、という問題がある。

〝KY〟を再生産するミクロな集団においても、移民や少数派の排除に動いている国民国家やEUなどマクロな集団においても、その「自らを問い直す」地道な作業が求められているという点においては、本質的に変わらないのではないか。

＊

本書は、以下の既発表論考を踏まえつつ、それらに大幅な加筆・修正・編集を加えて新たに書き下ろしたものである。

**第一章**

- 「オランダ――スモール・オープン・エコノミーの適応戦略」、津田由美子・吉武信彦編『北欧・南欧・ベネルクス』ミネルヴァ書房、二〇一一年、一一九―一四二ページ。
- 「大陸型福祉国家――オランダにおける福祉国家の発展と変容」、宮本太郎編『福祉国家再編の政治』ミネルヴァ書房、二〇〇二年、一一七―一四八ページ。
- 「中間団体と公共性――オランダにおける「中間団体政治」の展開」、『公共研究』第二巻第二号、二〇〇五年九月、一四二―一七六ページ。

**第二章**

- 「オランダにおける新たな雇用・福祉国家モデル」、『思想』第九八三号、二〇〇六年三月、一六七―一八四ページ。
- 前掲「大陸型福祉国家――オランダにおける福祉国家の発展と変容」

●「オランダにおけるワークフェア改革――「給付所得から就労へ」」、『海外社会保障研究』第一四四号、二〇〇三年、五三―六六ページ。

●「雇用多様化と格差是正――オランダにおけるパートタイム労働の「正規化」と女性就労」、安孫子誠男・水島治郎共編著『労働――公共性と労働‐福祉ネクサス』勁草書房、二〇一〇年、二五一―二七〇ページ。

●「オランダの労働運動――コーポラティズムと対抗戦略」、新川敏光・篠田徹編著『労働と福祉国家の可能性――労働運動再生の国際比較』ミネルヴァ書房、二〇〇九年、一九七―二一三ページ。

●「ワーク・ライフ・バランス――「健康で豊かな生活のための時間」を目指して」、齋藤純一・宮本太郎・近藤康史編著『社会保障と福祉国家のゆくえ』ナカニシヤ出版、二〇一一年、一八三―二〇五ページ。

**第三章**

●「オランダにおける反移民新党の躍進――「ポストモダンの新右翼」の出現?」、拓殖大学海外事情研究所『海外事情』第五〇巻第一〇号、二〇〇二年一〇月、六四―七九ページ。

●「ポピュリズムの政治戦略――オランダ政治とフォルタイン」、『日蘭学会会誌』第三三巻第一号、二〇〇八年一二月、一―一九ページ。

●「オランダ・紫連合政権からバルケネンデ政権へ」、高橋進・安井宏樹編『政権交代と民主主義』東京大学出版会、二〇〇八年、一四一―一七八ページ。

●「オランダとヨーロッパ憲法条約否決――オランダ現代史上初の国民投票」、『生活経済政

策』第一〇四号、二〇〇五年九月、一五―二〇ページ。

**第四章**

- 「福祉国家と移民――再定義されるシティズンシップ」、宮本太郎編『比較福祉政治――制度転換のアクターと戦略』早稲田大学出版部、二〇〇六年、二〇六―二二六ページ。

振り返ると、本書の成立までに、実に多くの方々にお世話になってきた。大学院以来ご指導をいただいている馬場康雄先生からは、書きつくせないほど多くのことを学んだが、なかでもヨーロッパ政治を見る根本的な視座を教えていただいたことが、今の私にとっては大きかったと感じる。二〇一二年三月に先生は東京大学を定年で退職されたが、ヨーロッパを一方的に礼賛するのではなく、しかし単純な否定に堕することもなく、その両義的な側面を冷静に分析する姿勢、いわば「光と影」を見据えようとする姿勢は馬場先生から学んだと思う。また、やはり大学院時代からご指導いただいている高橋直樹先生、平島健司先生、数々の示唆を与えてくださった、小川有美氏、中山洋平氏をはじめとする歴史政治学研究会の方々にも感謝したい。

現在属している千葉大学においては、日々多くの知的な刺激を得ている。特に二一世紀COEプログラム「持続可能な福祉社会に向けた公共研究拠点」(二〇〇四―〇八年度)のメンバーとして、学際的で最先端の研究に触れることができたことは貴重な経験となった。本書の執筆にあたり、特に貴重な示唆を受けた現・元同僚として、広井良典、小林正弥、安孫子誠男、石田憲、工藤秀明、渋谷望、三宅芳夫、福田友子、作内由子、皆川宏之の諸氏に感謝したい。

なお千葉大学で開講しているゼミナールでは、二〇〇六年度より、*Think globally, act locally* を掲げて学生・院生とともに地元千葉市内の地域活性化活動に関わってきた。中心市街地を舞台に、イベントの開催、地域資源の発掘、世代間交流の促進、外国人住民との交流などを試みてきたが、持続可能な地域社会のあり方を模索し、年齢や国籍を超えて共生するまちを造ろうとする学生たちの真摯な実践から、本書に至る研究を進めるさいに多くのものを学ばされた。

オランダ研究を進めるうえでは、今もなお現地の知人に頼るところが大きい。特に首相顧問官として連立交渉に深く関わったファン・プールヘースト(L. van Poelgeest)氏、元ジャーナリストで現在は作家として活躍しているファン・ヘースト(Detlev van Heest)氏、ライデン大学政治史担当教員のテン・ナーペル(Hans-Martien ten Napel)氏らとはすでに二〇年近い付き合いになるが、いつも貴重な情報と新しい見方を与えてくれる。

本書の執筆にあたっては、前述の二一世紀COEのほか、科学研究費補助金として若手研究(B)「オランダにおけるポピュリズム政治の出現」(二〇〇五—〇七年度)、基盤研究(C)「西欧キリスト教民主主義：その「危機」と革新の可能性」(二〇一〇—一二年度)

（いずれも代表者は水島）、基盤研究（A）「脱「日独型レジーム」の比較政治分析」（代表者・宮本太郎北海道大学教授）などの研究成果を活用した。研究グループの方々にも感謝したい。

本書の編集を担当した中山永基さんは、たまたま本書の着想を含む拙文を読まれたことをきっかけとして、一面識もない私にお手紙をくださり、著書の出版を勧めてくださった。中山さんのご提案がなければ、本書がこのような形で日の目をみることはなかっただろう。本書をまとめる過程でも、しばしば鋭い指摘と示唆をいただいている。

東日本大震災、そしてそれに続く原発事故は、戦後日本社会の築き上げてきたものの脆さを一挙に露呈させるものとなった。「夢」のエネルギーが、「悪夢」へと転化したように、ここでももう一つの「反転」が生じている。

洋の東西を問わず、歴史の示すところに学びつつ、次の世代に残せる世界を構想していくことが求められている。個人的には、二人の子どもを持つ親として、切にそう思う。本書を世に送ることが、その一助となることを願いつつ。

二〇一二年六月二六日

水島治郎

# 現代文庫版あとがき

本書は、二〇一二年に岩波書店より刊行された『反転する福祉国家――オランダモデルの光と影』に若干の修正を行い、巻末の資料をアップデートしたものである。同書は幸いにもご好評をいただき、三刷まで刊行されていたが、このほど岩波現代文庫の仲間に加えていただけることになった。文庫判というハンディな形をとったことで、より多くの読者に届くことを期待している。

オランダを舞台に「排除」と「包摂」のダイナミズムを解明しようとした同書の刊行以降、オランダと世界は、予想を超える新たな展開を見せてきた。特に、移民・外国人に対する「排除」の動きは、驚くほどの広まりを示している。

まずオランダでは、イスラム批判とEU批判を重ね合わせて訴えるウィルデルスの自由党が、いっそうその存在感を高め、国際的な影響力を持つに至っている。特に二〇一七年三月に行われた総選挙は、世界の注目を浴びた。この選挙で自由党は初めて第二党に進出したが、選挙前には自由党が第一党の座を占めるという予測があったこと、自由党がオランダのEU離脱を問う国民投票の実施を訴えていたことから、小国オランダの選挙に関心が集まった。日本のメディアもハーグに集結し、ウィルデルスのインタビューに成功した例もあった。「寛容」のイメージの強かったオランダで、反EU、反移民を声高に訴える政党が支持を集めたことは、驚きをもって受けとめられたようだ。

そしていまや、「排除」の動きはオランダ一国を超えて広がりを見せている。二〇一六年には、イギリスでEU離脱を問う国民投票で離脱派が勝利し、続くアメリカ大統領選挙ではドナルド・トランプが当選を果たし、いずれも世界に衝撃を与えた。イギリスでは移民問題が離脱派勝利の一つの要因とされており、またトランプはメキシコとの国境に「壁を作る」ことを訴え、イスラム教徒に対する厳しい非難を展開し、毀誉褒貶を巻き起こした。このような「自国第一主義」が英米を席巻したことは、戦後世界におけるリベラルな国際秩序に挑戦するものとして、世界で憂慮をもって受け止められた。

そして二〇一七年、フランスの大統領選挙では極右・国民戦線のマリーヌ・ルペンが決選投票に進出し、ドイツの連邦議会選挙では、右翼政党「ドイツのための選択肢」が初議席を獲得して第三党に躍進した。フランスの国民戦線と「ドイツのための選択肢」は、いずれも反移民・反イスラム・反EUの立場から既成政治を厳しく批判し、支持を広げることに成功した。

さらに二〇一八年にはイタリアで、ポピュリズム系の二党(「同盟」と五つ星運動)が選挙で勝利して連合政権が成立し、同国の外交政策をEUに批判的な姿勢に転換させるとともに、やはり移民・難民政策の厳格化を進めている。また、スウェーデンなど、これまで「寛容」で知られてきた国でも相次いで排外的右翼政党が議席を増やした。いまや中東欧を含め、欧米諸国で排外的な右派勢力が表舞台に姿を現していない国はほとんどない、という状況である。

しかもこれらの変化は、右翼政党の台頭にとどまらず、主流派政治そのものに重大な影響を及ぼしている。既成政党を断罪し、そのリベラルな移民・難民政策を批判することで勢力を拡大する右派ポピュリズムに対し、既成政党は、自らも移民や外国人の「排除」に傾くことで有権者の支持をつなぎとめようと試みることが多い。オーストリアの二〇一七年選挙では、既成保守政党の国民党が、右派ポピュリズムの自由党と見まごうばかりの反難民キャンペーンを展開して第一党となり、選挙後は自由党と連立政権を発足させた。いまや排外主義的な姿勢はある意味で「主流化」している。

しかしこれら二〇一〇年代以降の各国の展開は、本書で詳しくみたように、実はオランダが二一世紀初め以来たどってきた道筋でもあった。

オランダでは、すでに二〇〇二年の時点で反移民新党のフォルタイン党が第二党として政権入りし、以後オランダの移民・難民政策は厳格化へと大きく舵を切った。二〇〇六年に国政に進出した自由党は、声高な「反イスラム」を旗頭に、継続的に支持を獲得している。これら右派ポピュリズムの排外主義と競うかのように、既成政党も移民・難民に厳しい姿勢に転じていく。そして文化的・言語的な統合を要求する「市民化テスト」の開始、難民抑制措置の導入などの結果、オランダはヨーロッパで最も厳しい移民・難民政策を採る国々に分類されるようになり、「寛容の国」のイメージは一変した。

またこのオランダは、二〇〇五年には国民投票でヨーロッパ憲法条約を否決し、ヨーロッパ統合の進展に強くブレーキをかけた国でもあった。

このオランダの展開を振り返ると、先進諸国が二〇一〇年代以降に体験したドラスティックな変化、EUに対する懐疑の表面化が、すでに二〇〇〇年代のオランダにおいて先取りされていたことがわかるだろう。そこには一種のデジャブ(既視感)さえある。

しかもフランス・国民戦線のマリーヌ・ルペンにおいては、ウィルデルスの自由党の「反イスラム」言説の政治的な成功から学ぶことで、それまで極右色が強く、政治的にマージナルな場に置かれていた国民戦線の支持拡大につなげていったと言われるように、オランダの展開は周辺国の参考事例として機能した面もある。

小国であり、時代の変化に機敏に対応することで、大国のはざまにあって生き抜いてきた歴史を持つオランダは、まさに時代を先取りする先駆的な「モデル」――しかも同時に「アンチ・モデル」として、重要な示唆を与える国であるといえる。

そして本書第四章で示したように、このような二一世紀の各国に出現した新しい「排除」の動きの背景には、サービス化が進んだ脱工業社会の到来があった。コミュニケーション能力が重視されるこの「ポスト近代社会」においては、人々の「参加」にかかる意欲と能力が、市民としての価値評価に連動する。その結果、言語・文化をホスト社会と共有せず、社会参加の可能性が低いとされる移民・外国人は、しばしば「排除」の対象とされていく。脱工業化が早期に進み、クリエイティブな先端産業が花開いたオランダで、早くも二一世紀初頭から(グローバルな高度人材には優先的に門戸を開きつつ)多数の移民・難民が「排除」のターゲットとされてきたことは、偶然ではなかったのである。

現在、工業社会から脱工業社会への転換が大きく進むなか、工業社会で排除されてきた女性や高齢者は、新たに「包摂」の対象として積極的に労働市場への参入が進められている。他方、戦後経済成長期のヨーロッパを典型として、工業社会で貴重な労働力として地中海諸国などから迎えられてきた移民は、いまや言語・文化を共有しない「他者」として、排除の対象に移行した。先進諸国の経済の論理が優先される一方、それに振り回される人々への配慮は、決定的に欠如しているといわざるをえない。

なお、近年の日本の動きについても付言したい。日本では、二〇一〇年代末以降、多様な業種で外国人材を積極的に受け入れる方向に舵を切った。

その背景にあるのは、深刻な労働力不足である。欧米諸国と比べて少子高齢化がいっそう進んでいる日本では、女性や高齢者の就労を促進しても事態が解決しないことから、外国人労働者に活路を見出すこととなった。もともと日本では、戦後の高度経済成長期、都市部における労働力の旺盛な需要を満たしたのは、地方や農村部から大都市圏に集まる一種の「国内移民」であり（いわゆる「金の卵」と呼ばれた人々も含む）、国外からの移民に依存する必要はなかった。しかし少子高齢化が急速に進行し、建設業をはじめとする各業種で労働力不足に直面した日本は、二一世紀になって、欧米諸国に周回遅れの「人の開国」を迫られることになったのである。

「人の開国」は、どこかの段階で必要なことだろう。しかし現下の日本では、問題も大きい。受け入れ対象となる外国人材は、一部を除き定住・永住が前提とされておらず、いつかは帰国する存在として想定されている。「移民」ではない、というのである。

しかし、「いつかは帰るだろう」という目論見どおりに事が進まないことは、オランダをはじめ欧米諸国の先例をみれば明らかである。働きに来る外国人の多くは、これから長きにわたってホスト社会で生活していく人間なのだ。だがその現実から目を背け、「本来帰国するはずの外国人」が「帰国せずにとどまっている」ことへの社会的な違和感が次第に募り、それが日本人の側の経済的な困難と結びつけて解釈されるならば、それが排外的な政治運動の温床に転化するのは、何ら不自然なことではない。まさにオランダやヨーロッパが歩んできた同じ道であり、またしてもデジャブ（既視感）の出番である。しかしそうだとすれば、いったい私たちは何を学んできたのだろうか。

「オランダモデル」をはじめ、外国の先進事例をうわべだけ模倣しようとするならば、「ワークシェアリング」がそうだったように、その多くは失敗に終わる。他方で、外国から何も学ぶことはないという姿勢も、傲慢に過ぎる。必要なことは、「モデル」の光と同時にその影の部分にも目を留め、その光と影の表裏一体となったロジックを理解しつつ、批判的に学ぶことだと思う。オランダ―他の欧米諸国―日本という一連の流れのなかで、本書が時代の転換期にあたり、未来を考える一つの材料を提供することができれば、幸甚である。

最後に、私事に触れることをお許し頂きたい。今から一世紀ほど前のことになるが、筆者の祖父・水島耕一郎は、一九世紀アメリカの思想家ソロー(Henry David Thoreau)の代表作『ウォールデン――森の生活 *Walden; or, Life in the Woods*』の初の邦訳書を刊行したことなどで、日本のアメリカ文学受容史に若干の足跡を残している(瀧田佳子『アメリカン・ライフへのまなざし』(東京大学出版会、二〇〇〇年)などに考察あり)。当時の邦題は『森林生活』(文成社、一九一一年)である。以後も同書の邦訳書は、二一世紀に至るまで十数点刊行されている。この『ウォールデン』(原著一八五四年)は、ソローがマサチューセッツ州のコンコード郊外の森のなか、池のほとりに小屋を構え、二年余り暮らした生活のなかから編み出された作品であるが、同書は産業化に邁進し、農業社会から工業社会、都市社会へと大きく変貌しつつあるアメリカ社会のあり方を批判的に論じ、アメリカ文学を代表する古典として、今に至るまでその知的影響は大きい。そして同書を二〇世紀の初頭、やはり工業化と都市化が進み、大衆社会が出現しつつあった日本に紹介しようとした水島耕一郎の脳裏には、先に時代の転換期を迎えたアメリカ社会の抱える矛盾と知的葛藤を日本に伝えることで、日本社会への何らかの示唆が可能ではないか、という意図があったのではないかとも思う。

先人の偉業には及ぶべくもないが、それから百年余りを経た二一世紀、今度は工業社会から脱工業社会、情報社会へと再び時代が大きく転換するなかで、時代の変化を踏まえつつ、その諸相を批判的に読み取って分析し、文章を通じて社会と共有を図る作業を、今後も続けていきたいと願っている。

本書の文庫化にあたっては、前回から引き続き、編集者の中山永基さんにお世話になった。社会の先端的な動きを見出し、積極的に問題を提起する中山さんの姿勢にはいつも励まされてきたし、また自分も応えねばという思いが湧いてくる。最後になるが、いつも支えてくれる家族にも、改めて感謝したい。

二〇一九年一月

水島治郎

本書は小社より二〇一二年七月に刊行され、第一五回損保ジャパン記念財団賞を受賞した。

# 政権一覧(1982-2018年)

**【第1次ルベルス政権：1982年11月4日－1986年7月14日】**
首相：ルート・ルベルス(キリスト教民主アピール)
与党：キリスト教民主アピール・自由民主人民党
政権の特徴：第2次石油危機後の悪化する経済情勢を背景に，各種給付の削減などを通じた財政再建，賃上げ抑制による企業収益の改善を図る
※1982年，政労使三者による賃金抑制・労働時間短縮などに関する合意(「ワセナール協定」)の成立．いわゆるオランダモデルの象徴

**【第2次ルベルス政権：1986年7月14日－1989年11月7日】**
首相：ルート・ルベルス(キリスト教民主アピール)
与党：キリスト教民主アピール・自由民主人民党
政権の特徴：第1次ルベルス政権の継続

**【第3次ルベルス政権：1989年11月7日－1994年8月22日】**
首相：ルート・ルベルス(キリスト教民主アピール)
与党：キリスト教民主アピール・労働党
政権の特徴：就労不能給付の削減をはじめとする福祉改革に着手
※1994年，下院選挙でキリスト教民主アピールが歴史的大敗，下野

**【第1次コック政権(第1次紫連合政権)：1994年8月22日－1998年8月3日】**
首相：ウィム・コック(労働党)
与党：労働党・自由民主人民党・民主66
政権の特徴：雇用促進，規制緩和，福祉改革など多岐にわたる改革を進める
※1996年，労働時間差別禁止法(フルタイム・パートタイム間の差別の禁止)

**【第2次コック政権(第2次紫連合政権)：1998年8月3日－2002年7月22日】**
首相：ウィム・コック(労働党)
与党：労働党・自由民主人民党・民主66
政権の特徴：第1次コック政権期に開始された諸改革の継続
※2000年，労働時間調整法
　2001年，同性婚制度の開始
　2002年，福祉給付と就労支援を並行して担う雇用・所得センターが発足
　2002年5月，フォルタイン党党首のフォルタインが射殺される．その後，フォルタイン党が下院選挙で躍進

**【第1次バルケネンデ政権：2002年7月22日－2003年5月27日】**
首相：ヤン・ペーテル・バルケネンデ(キリスト教民主アピール)
与党：キリスト教民主アピール・フォルタイン党・自由民主人民党
政権の特徴：移民・難民政策や治安対策など，大幅な政策転換を開始

**【第2次バルケネンデ政権：2003年5月27日－2006年7月7日】**
首相：ヤン・ペーテル・バルケネンデ(キリスト教民主アピール)
与党：キリスト教民主アピール・自由民主人民党・民主66
政権の特徴：移民・難民政策の転換，各種の福祉給付支給条件の厳格化による就労強化
※2004年11月，テオ・ファン・ゴッホ殺害事件
　2005年，ヨーロッパ憲法条約を国民投票で否決
　2006年，外国における市民化法

**【第3次バルケネンデ政権：2006年7月7日－2007年2月22日】**
首相：ヤン・ペーテル・バルケネンデ(キリスト教民主アピール)
与党：キリスト教民主アピール・自由民主人民党

**【第4次バルケネンデ政権：2007年2月22日－2010年10月14日】**
首相：ヤン・ペーテル・バルケネンデ(キリスト教民主アピール)

与党：キリスト教民主アピール・労働党・キリスト者同盟
政権の特徴：世界金融危機をきっかけに銀行救済などの諸措置を進める
※2010年，下院選挙で自由民主人民党が初めて第一党になり，自由党も第三党に躍進

**【第1次リュテ政権：2010年10月14日－2012年11月5日】**
首相：マルク・リュテ(自由民主人民党)
与党：自由民主人民党・キリスト教民主アピール・自由党(閣外協力)
政権の特徴：自由主義系政党から首相が出たのは1世紀ぶり．他方，自由党が閣外協力ながら与党入りしたことで，移民制限の強化が進む

**【第2次リュテ政権：2012年11月5日－2017年10月26日】**
首相：マルク・リュテ(自由民主人民党)
与党：自由民主人民党・労働党
政権の特徴：金融危機後の財政状況の悪化を受けて支出削減に取り組む．在任期間が5年近くに及び，戦後最長記録を更新した内閣となる
※2017年3月の総選挙は，ポピュリズムの国際的な広まりを背景に，自由党の躍進が予測されたことから，世界の注目を集めた．結果的に自由党は議席を伸ばしたものの，第二党にとどまる

**【第3次リュテ政権：2017年10月26日－　】**
首相：マルク・リュテ(自由民主人民党)
与党：自由民主人民党・キリスト教民主アピール・民主66・キリスト者同盟
政権の特徴：2017年選挙で各党に票が分散したこと，第二党の自由党が連立交渉の枠外に置かれたことから，連立交渉は困難を極めた．選挙から四党連立による新政権発足までに225日を要し，戦後最長記録を更新する

オランダ下院議員選挙結果(定数150議席，1981-2017年)

| | 社会党 | グリーン・レフト | 労働党 | 民主66 | キリスト教民主アピール | 自由民主人民党 | フォルタイン党 | 自由党 | その他 |
|---|---|---|---|---|---|---|---|---|---|
| 1981 | | | 44 | 17 | 48 | 26 | | | 15 |
| 1982 | | | 47 | 6 | 45 | 36 | | | 16 |
| 1986 | | | 52 | 9 | 54 | 27 | | | 8 |
| 1989 | | 6 | 49 | 12 | 54 | 22 | | | 7 |
| 1994 | 2 | 5 | 37 | 24 | 34 | 31 | | | 17 |
| 1998 | 5 | 11 | 45 | 14 | 29 | 38 | | | 8 |
| 2002 | 9 | 10 | 23 | 7 | 43 | 24 | 26 | | 8 |
| 2003 | 9 | 8 | 42 | 6 | 44 | 28 | 8 | | 5 |
| 2006 | 25 | 7 | 33 | 3 | 41 | 22 | | 9 | 10 |
| 2010 | 15 | 10 | 30 | 10 | 21 | 31 | | 24 | 9 |
| 2012 | 15 | 4 | 38 | 12 | 13 | 41 | | 15 | 12 |
| 2017 | 14 | 14 | 9 | 19 | 19 | 33 | | 20 | 22 |

左派 ←―――――― 中道 ――――――→ 右派

反転する福祉国家―オランダモデルの光と影

2019年1月16日　第1刷発行

著　者　水島治郎《みずしまじろう》

発行者　岡本　厚

発行所　株式会社　岩波書店
〒101-8002 東京都千代田区一ツ橋 2-5-5

案内 03-5210-4000　営業部 03-5210-4111
現代文庫編集部 03-5210-4136
http://www.iwanami.co.jp/

印刷・精興社　製本・中永製本


ISBN 978-4-00-600398-2　Printed in Japan

# 岩波現代文庫の発足に際して

新しい世紀が目前に迫っている。しかし二〇世紀は、戦争、貧困、差別と抑圧、民族間の憎悪等に対して本質的な解決策を見いだすことができなかったばかりか、文明の名による自然破壊は人類の存続を脅かすまでに拡大した。一方、第二次大戦後より半世紀余の間、ひたすら追い求めてきた物質的豊かさが必ずしも真の幸福に直結せず、むしろ社会のありかたを歪め、人間精神の荒廃をもたらすという逆説を、われわれは人類史上はじめて痛切に体験した。

それゆえ先人たちが第二次世界大戦後の諸問題といかに取り組み、思考し、解決を模索したかの軌跡を読みとくことは、今日の緊急の課題であるにとどまらず、将来にわたって必須の知的営為となるはずである。幸いわれわれの前には、この時代の様ざまな葛藤から生まれた、人文、社会、自然諸科学をはじめ、文学作品、ヒューマン・ドキュメントにいたる広範な分野のすぐれた成果の蓄積が存在する。

岩波現代文庫は、これらの学問的、文芸的な達成を、日本人の思索に切実な影響を与えた諸外国の著作とともに、厳選して収録し、次代に手渡していこうという目的をもって発刊される。いまや、次々に生起する大小の悲喜劇に対してわれわれは傍観者であることは許されない。一人ひとりが生活と思想を再構築すべき時である。

岩波現代文庫は、戦後日本人の知的自叙伝ともいうべき書物群であり、現状に甘んずることなく困難な事態に正対して、持続的に思考し、未来を拓こうとする同時代人の糧となるであろう。

（二〇〇〇年一月）

G393
# 不平等の再検討
―潜在能力と自由―

アマルティア・セン
池本幸生
野上裕生 訳
佐藤 仁

不平等はいかにして生じるか。所得格差の面からだけでは測れない不平等問題を、人間の多様性に着目した新たな視点から再考察。

G394-395
# 墓標なき草原(上・下)
―内モンゴルにおける文化大革命・虐殺の記録―

楊 海英

文革時期の内モンゴルで何があったのか。体験者の証言、同時代資料、国内外の研究から、隠蔽された過去を解き明かす。司馬遼太郎賞受賞作。〈解説〉藤原作弥

G396
# 過労死・過労自殺の現代史
―働きすぎに斃れる人たち―

熊沢 誠

ふつうの労働者が死にいたるまで働くことによって支えられてきた日本社会。そのいびつな構造を凝視した、変革のための鎮魂の物語。

G397
# 小林秀雄のこと

二宮正之

自己の知の限界を見極めつつも、つねに新たな知を希求し続けた批評家の全体像を伝える本格的評論。芸術選奨文部科学大臣賞受賞作。

G398
# 反転する福祉国家
―オランダモデルの光と影―

水島治郎

「寛容」な国オランダにおける雇用・福祉改革と移民排除。この対極的に見えるような現実の背後にある論理を探る。

2019.1

岩波現代文庫［学術］

G399

# テレビ的教養

――一億総博知化への系譜――

佐藤卓己

「一億総白痴化」が危惧された時代から約半世紀。放送教育運動の軌跡を通して、〈教養のメディア〉としてのテレビ史を活写する。

〈解説〉藤竹　暁

2019.1